明治通りとの大踏切を横切る山手貨物線のEF15〔新〕。ここには池袋と亀戸駅前、浅草雷門を結ぶ都営のトロリーバス(103系統・104系統)が走っており、この地点(豊島区役所−堀之内町間)では山手貨物線と平面交叉していた。そのためこの路線を走るトロリーバスは小型のディーゼルエンジンを併載しており、交叉部では集電ポールを下げてエンジンで走行していた。機関車の先頭部の向こう側でトロリーバスの架線が途切れているのが判る。 1958.9 池袋−大塚

C51249（新津）　EF11 1（国分寺）　モハ43039（鳳）

My favorite type SL, EL&EC

●C51　249
No.239（御召）と共に比較的原形に近いNo.249。
●EF11　1～3号機
側面が溶接ですっきりしていて、前面に庇が付いている。
●モハ43039、43041
窓帯がなくすっきりしていて、雨樋が下に付いている。

いずれも私が見たあらゆる形態の中で、最も心の琴線に触れたタイプです。　三谷烈弌

生き延びた明治・大正

最近では日本の書物でも国際化が進み、世界暦としての西暦を用いることが多くなってきたが、明治、大正、昭和という、いまから120年余り前までの歴史をさかのぼるときは、どうしても元号で言う方が判りやすいし、ある一つの時代の括りともなっている。

鉄道では都市交通としての市内・近郊電車や、国鉄の東海道本線の東京方など、早くから電気鉄道で運転されていたが、明治、大正、昭和初期の鉄道の主役は蒸気機関車であった。

そして地方の非電化の中小私鉄、国鉄のローカル線でも気動車＝ガソリンカーの時代とならんとしていたとき、第２次世界大戦となり、ガソリンは供給不足で、蒸気機関車にまた頼らざるを得なくなったところも多かった。ここの写真は、蒸気機関車がこのような国情で残らざるを得なかった戦時中を過ぎた後の「明治・大正」の残影を映している。

龍ヶ崎に憩う鹿島参宮鉄道５号機。右端のシンボルだったポプラの木は今はないが、左側の機関区詰所とコンクリート造りの給水塔は現在でもその名残を留めている。
1955.5.22

緩やかな曲線を曲がると常磐線佐貫駅構内に入る。晩秋の昼下り、４号機がミキストを牽いてやってきた。　1958.11.23　鹿島参宮鉄道龍ヶ崎線佐貫駅構内

▶佐貫駅に到着した4号機の牽くミキストの後尾には「みずほ」のマークを掲げた元阿南鉄道の買収気動車キハ40402の姿が見える。この後、キハは単行で下りとなり、機関車はしばしの入換えの後、次の下りとなる。
1958.11.23 佐貫駅構内

◀龍ヶ崎機関区で待機する5号機（1921年日車製）とキハ102（1930年日車製）。キハ102は全長10m弱の60人乗り単車で、ウォーケシャ製ガソリン機関を備えたいかにも日車支店製らしい風貌であった。
1955.5.22 龍ヶ崎駅構内

▼龍ヶ崎を後に佐貫へと向かう5号機の牽くミキスト。有蓋貨車3輌の後に続くのは〝マッチ箱〟の名が相応しいオープンデッキの古典2軸客車ハフ10+ハ2+ハ3、そしてワフ15の面々。
1955.5.22

昭和19年から、関東鉄道となる昭和40年までの間は鉾田線と竜ヶ崎線は鹿島参宮鉄道という会社であった。鹿島・香取の神宮は昔から由緒ある神社で、鹿島神宮への参拝客輸送も考えてこのような社名にしたようだが、鹿島神宮とはずいぶん離れている。それでは名前と違うとなるが、鉾田から霞ヶ浦を船で連絡して名前を保っていた時代もあった。

この鹿島参宮鉄道は客車に関してもファンの注目があった。それは2軸客車のうち国鉄→新宮鉄道→国鉄に買収→鹿島参宮鉄道という車歴をもつハ21が国鉄の始祖とされる旧甲武鉄道の電車の末裔だったからである。台車も客車の籍にはなっていたが、電車用のブリル21E形を改造されたものを付けていたのでこれは確かであった。通常使われていた2軸車は両端にオープンデッキの出入口を付けたハ10などで、これらは大正ッ子、その他国鉄などから譲り受けた明治生れの古典車もいて、ガソリンカーから客車になった鋼製車とともに走っていた。

龍ヶ崎線には1899年天野工場製の古典客車ハ5も健在だった。かつての2・3等合造車の名残である側面の櫛形もはっきりと見て取れる。同車はこの写真が撮影された4年ほど後に廃車され、ほぼ原形を崩すことなく解体されてしまった。前方はワフ12。
1955.5.22 龍ヶ崎

かつて混合列車というのがローカル線の代名詞でもあった。通常的には客車と貨車、つまり旅客と貨物を運ぶべき車輌を一緒に連結して機関車が牽いて走る列車のことを言う。前頁の写真のようにガソリンカーと客車の混合編成も混合列車と言えなくはない。

2軸客車、2軸の気動車、乗り心地はどうだったと聞かれることもある。私どもの乗ったのは写真のようなローカル線であったからスピードも遅かった。終戦直後、客車代用の貨車が東北・常磐から新橋まで通勤列車に連結されていたが、その2軸貨車のような乗り心地だった。スピードが上るとそれはひどいものだった。ちなみに昭和26年の時刻表をひらいて距離の比較的長い鉾田線でみると「鹿島参宮鉄道鉾田線、石岡～鉾田間27.2km所要時分は早い列車で63分、遅い列車は86分」となっている（いまは60分をきっている）。表定速度に換算すると80分では約20km/h弱となり、2軸車が走るに適切な速度だったようである。

関東地方でも東部の方には、鹿島参宮鉄道、東野鉄道、常総筑波鉄道と、常磐線、東北本線に接続する中小私鉄では小さなタンク機関車が煙を上げていた。従う客車はボギー車もいたが、四輪単車も多かった。なかにはガソリンカーがエンジンをはずされて客車となって蒸気機関車に従っていたものもあった。

これらの小型蒸気機関車が走っていた私鉄で、戦後まで東京の都心から一番近かったのが西武多摩川線と鹿島参宮鉄道竜ヶ崎線であった。いまは関東鉄道竜ケ崎線となってワンマン運転のディーゼルカーが走っているが、国鉄との接続駅の佐貫ではかなり遅くまで蒸気機関車を使っていたので、訪ねたファンも多かったと思う。関東平野で周囲は田んぼか畠、写真は撮りやすかったが、起伏のない路線なので名勝的な鉄道写真にはなりにくい。

スタイルで珍しかったのは西那須野で東北本線と接していた東野鉄道の1・2号蒸気機関車で、アメリカのボールドウィン製。元は播但鉄道→山陽鉄道で、国鉄となって200形となった明治29年製の古典機である。ボールドウインというと常磐線の石炭列車牽引用の大型機（9700形）を思い浮かべる方と、木曽森林鉄道のような愛嬌あるサドル機関車を思い浮かべる方もあろう。

黒羽で休む東野鉄道の主力旅客車。キハ10は龍ヶ崎のキハ102と同じく日車支店製のガソリンカーで、全体に無骨な感じながら各地の地方鉄道で同系車が活躍していた。
1959.10.25

よく原形を留めたまま使われていた1918年梅鉢鉄工所製のハ1。モニタールーフやデッキ妻面の窓など独特の形態であった。
1959.10.25　黒羽

小さな荷物室を持つ合造緩急車ハニブ1もまだまだ現役であった。担いバネとコイルバネを併用した足回りにはリベット止めの松葉スポーク車輪が見える。
1959.10.25

東野鉄道の象徴でもあったボールドウィン製1B1タンク機。1896年製ながら国鉄200形を経て1918年頃から東野鉄道で働きはじめ、その在籍年数は実に60年近くに及んだ。
1959.10.25　黒羽

金井窪（下板橋－大山間）のヤードで入換え中の東武鉄道41号機。東上線は1959年春には無煙化され、この41号機も廃車された。　1956.12.19

旧浅草駅である業平橋に都心側の貨物ヤードを持つ伊勢崎線では、多くの貨物列車が荒川を越えて来て見飽きることがなかった。　1957.1.13　北千住

荒川橋梁を業平橋へと急ぐ東武鉄道64号機。1900年生まれのこのネルソンは姿形も良く、東武鉄道を代表する蒸気機関車として人気を集めていた。
1957.1.13　小菅ー北千住

1950年代にも蒸気機関車ががんばっていた大手私鉄として、東武鉄道があった。しかも主力は当時としても「古典機」の範疇に入る明治時代の２Ｂテンダー機関車、それもイギリス生れの紳士が多かった。そしてその中にはアメリカ生まれのカウボーイ25号も最後までいた。

いまも東向島の東武博物館には５号機と６号機が保存展示してある。いずれもイギリスのベイヤー・ピーコック製の２Ｂテンダー機で、明治31年製と古い。

この蒸気機関車も撮影する近間の場所は荒川鉄橋のところで、土手にカメラを構えていると、ピーッという甲高い気笛の音がしてピーコック製のテンダー機、略して「ピーテン」がやって来るのであった。

英国機ばかりと思われがちな東武鉄道だが、ボールドウィン製の2Bテンダー機25号機(1912年製)の姿もあった。空制がないため入換えに活躍した。1961.12.17　杉戸機関区

金井窪で入換え中の東武鉄道40号機（1898年シャープ・スチュアート製）。上の道路橋は環状６号線山手通りである。　1958.12.19　下板橋−大山

▲杉戸機関区には入換え用にＢ６もいた。26号機は1891年英国ダブス製で、元国鉄2106である。　1961.12.17　杉戸
▶10月に控えた田村〜敦賀間の交流電化を前に工事列車牽引に励むドイツＢ６（1905年ヘンシェル製）2458。　1957.8.24　田村付近

2458

▲是政線とよばれた西武鉄道多摩川線でもＡ８系蒸機が多摩川からの砂利運搬に最後の活躍を続けていた。写真の５号機（1896年ナスミス・ウィルソン製）は1965（昭和40）年に廃車されたが、現在でも同社の保谷車両管理所内で静態保存されている。　1954.9.23　新小金井

▶大手私鉄の本線でも終点近くになるとローカル私鉄と見紛う長閑な光景がくりひろげられていた。バッファー穴が残る古典貨車のワフを従えて貨物列車が到着すると、駅前の通運業者のリヤカーの出番だ。　1956.10.7　東武鉄道下今市

大正期の典型的２軸客車鹿島参宮鉄道ハフ５。日車支店製のこの車は各地の私鉄でその姿を見ることができた。　1954.10.24　鉾田線石岡

◀この時代、使い勝手の良さからか、B6と並んで地方鉄道に愛用されたのがA8系と呼ばれる国鉄600形、700形の1B1タンク機だった。ことに関東の私鉄・専用線ではその姿に接する機会が多く、ここ茨城交通湊線(湊鉄道)にも一時は4輌の600形が在籍していた。最後に残ったのがこの4号機(1896年ナスミス・ウィルソン製)で、夏の海水浴臨牽引用に1966(昭和41)年まで生き延びていた。 1957.10.24 勝田

▶西武鉄道の蒸気機関車は、是政線とともに米軍基地専用線用に北所沢(現・新所沢)にも残されていた。北所沢に常駐していたのは1897(明治30)年米国ピッツバーグ社製の1Cタンク機7号で、同機はこの後、上武鉄道に転じている。現在でも東品川公園内に静態保存されているのは嬉しい限り。 1955.5.15 北所沢

のちに鹿島参宮鉄道とともに関東鉄道を形成する常総筑波鉄道もオールドタイマーの宝庫だった。新三菱製のDC201（1953年製）が入換えする編成の後部には1925（大正14）年日車製の２軸客車ハフ１形が連結されている。
1959.9.27　筑波線真鍋

古典蒸気機関車のお供をするのは木造の貨車か客車がよく似合う。中小私鉄の木造客車というと相場は2軸車ということになるが、なかには「オヤッ」と思うようなボギー車もいた。筑波鉄道が発注した木造ボギー客車もその一つであろう。

常磐線の土浦から水戸線の岩瀬までを結ぶこの鉄道、常総筑波鉄道から関東鉄道となり、また筑波鉄道になって、そして消えた。しかし今でも筑波の駅はホームなどの遺構が残っていて廃線跡探訪の好材料となっている。

筑波鉄道のボギー車は数多く、種類も客車らしいものから蒸気動車を想わせるものなどもある。下の写真を見てもお判りのように、客車型というより電車型に近い、人よんで「電車型客車」というものもある。確かにそうで、筑波鉄道は電車化を目論んでこのようなスタイルの客車を新造したようだ。しかし、電化は成就しなかった。客車としても気動車運転後、処分された仲間もいる。けれども世の中、不思議なめぐり合せがある、他社へ譲渡されたこの電車型客車が、阪和電気鉄道や三河鉄道（現在の名古屋鉄道三河線）では電車に改造されている。特に三河鉄道へ行った１輌はモ1091と電動車に昇格しくいる。本願成就である。反対の例として客車から電車になった加越鉄道ナハフ101・102→阪急96・97がある。

「電車型客車」の典型例だった常総筑波鉄道ナハフ104（1927年日車製）。電装可能なTR14（DT10）台車を履いているのがわかる。この写真の半年ほど前に筑波線より常総線に転属してきている。
1959.9.27　常総線水海道

郊外電車の時代

郊外というのは都市の外郭という意味である。郊外電車とは都市と郊外を結ぶ電車ということで、戦前にはよく使われた言葉であり、東京で言えば現在の京王井の頭線とか関西の阪急宝塚線などがそれに該当する。

東京では、大正12年の関東大震災で、都心から近郊へ移住する人が増え、近郊の鉄道会社もパンフレットを作り、「郊外の空気のよい処にお移りになっては…」と宣伝につとめた、郊外電車の文字が広告にも躍ったのがこの時期である。

最近では郊外という範囲が、隣接県にまで拡大され、逆に都心は人口が減ってオフィスビルばかりとなり、回帰が望まれるようになってきた。ここでは発展途上期のなつかしの郊外電車の種々相を眺めてみることにする。関東も関西も郊外電車の沿線には林や畠が展開していた時代のことである。

古い木造車体や車輪の山、郊外私鉄車庫の裏手は車輌考察の宝庫であった。　1959.12.13　上石神井車庫

◀路面時代の面影も残すダークグリーンの京王線中型車輌群。元は2扉だった。デハ2150形2161号以下ダブルルーフ3輌編成。　1956.2.11　明大前

▶戦前期に於ける小田原急行時代のスタイルを確立したデハ1400形。茶色塗装の同族1200～1300形も含めて、独特の釣掛モーター音とバネの軟かい住友台車が特徴であった。クハ1456。　1955.4.6　南新宿

▼1954年に登場した小田急初の高性能車2200形は、一般車ながらそれまでの特急色を纏って登場。これからしばらく、この塗色は小田急の標準色となった。　1958.6.14　小田原

この時代の大手私鉄の編成を見ると、今よりかなり短かい。いま8輌から12輌という大手私鉄の幹線。写真に写っている編成輌数も試みに数えて見ると判る。20m車の10輌編成が走る京王電鉄京王線は、車輌の1輌の長さも短かかったが、京王帝都電鉄三十年史の付表によると、編成も昭和31年から4輌編成、昭和36年から5輌編成、昭和38年から6輌、昭和43年から7輌といった具合である。それだけ成長が著るしかったということになる。沿線風景にしてもそれにつれて畠や田んぼがなくなり、一般住宅、マンションが今はびっしりと立っている。したがって昭和30年ごろの郊外区域はいまや郊外という感じでなくなって、大きな都市の一画となってしまっている。そんな時代、東京の私鉄は2～3輌編成というのに、近鉄の大阪線へ行くと20m車の3輌編成が、多客時には6輌にもなって走っているのに、びっくりしてしまった。これは私一人ではない。関東の電車ファン皆んなが…である。だいたいそのころ関東では20m車というのはモハ40形など国鉄電車の話で、20mの私鉄電車というのは国鉄のモハ63形が私鉄に振当てられて走っていた小田急1800形、東武7300系といったところしか当地にはなかったのだから、こと私鉄に関しては文化の差は大きかった。

しかし、昭和29年の東京急行電鉄の軽量車5000系、小田急の2200形など、東京の郊外電車も段々に質的な向上を見せてくるようになったのである。

この点東武鉄道は国鉄の20m車を入れた後、自社設計の20m車を新造して、一早く20m 4扉車を通勤型車

おだわら
小田原
DAWARA
やがわ
YAKAWA
かものみや
KAMONOMIYA

として採り入れているのは、今みると善は急げというか、早い決断であったと思う。小田急の方での自慢話は、1800形に改造取付けした広幅貫通幌であろう。桜木町事件があって車輌と車輌の間に貫通幌の付いている電車の少なかった関東の国鉄・私鉄は、貫通幌の取付け工事を急いだ。この時、小田急の1800形はその直前に新造した1900形などに合せて、広幅の貫通幌を取付けている。1800形はその後車体を更新したが、扉と扉の窓数が4つ、正面は切妻と、更新前のスタイルを引き継いでいる。しかし、正面には貫通扉が付き、63形のイメージとはかなり離れた感じにはなったような気がする。

国鉄の鋼製電車は流線形モハ52形とかモハ30・31・32形、モハユニ44形、モハユニ61形およびモニ53001などの荷電などを除いて正面貫通扉付が原則であったが、モハ63形は工作の簡便さを主眼としたのだろう、非貫通で切妻型となった。あだなの「食パン電車」は当時の食料不足時代、すぐに食べ物を連想して付けられたと言っても間違いではないだろう。進駐軍の簡易兵舎がやはり食べ物を連想して「かまぼこ兵舎」であったのもうなづける。

食料事情もよくなってきた昭和20年代の後半からはカルダン駆動方式が試用から本格採用となり、モータや歯車の音もそれまでと違ってきて、耳からも新しい電車時代の到来を告げられるような状況となってきた。

鉄道趣味ということでは先を行くものがあったアメリカでは早くから鉄道車輌の走行音を録音したレコードが市販されていたが、日本でもその気運が出てきたのもこのころであった。

今はないが、ソノシートというレコードのように堅くはないプラスチック製シートに溝が付いている、格安レコードといったものが出廻った。ソノシートの151系特急「こだま」の音などは子供にもうけたようだ。この頃の線路はまだ10mの長さのレールもあって、スピードの割りにはジョイント音は賑やかであった。

その賑やかぶりは吊り掛けモータ車も健在で、その

西武モハ221形。1940年に誕生した旧西武（現新宿線）としては最後の新造車。一貫して黄色にマルーン塗装で、戦時中唯一のツートンカラーであった。
1955.5.5　小平

◀戦後の井の頭線の塗装は、ダークグリーン一色であったが、1957（昭和32）年頃よりライトグリーン塗装が登場。次第に黄色味の入った黄緑色へと変化した。1950年代、沿線で最も杉並らしい風景を残す久我山〜高井戸間を行く新旧混色の３輌編成。デハ1713号他。
1957.5.3　高井戸

音も加担していることは言うまでもない。

戦後復興期といわれる昭和20年代中頃から30年初めにかけては新車も登場したが、戦前製の在来車も再整備し、塗装も塗分けとしたりして若がえって、戦後の新造車に混って走っていた（西武は戦時中でも黄色と赤茶の塗り分けであった）。

関東地区でみると、そのなかでも光っていたのが東武の5310系などの２扉車、京成の1500系２扉車などであった。

東武鉄道の戦前の名車デハ10系などは昭和25年の大改番でモータの出力、制御器の形式、用途を示す数字で形式番号を構成するようになった。電動車のデハ5310系を例にとると、頭の５はモータ出力110KW（150

▼マルーン一色で登場した運輸省規格型の京浜デハ420形。1950年代中頃より約10年間は赤と黄色の塗り分けであった。
1956.11.11　金沢八景

東急は1951年より濃緑色から黄色とブルーの塗り分けに塗装変更した。旧戦災国電系デハ3600形の３輌編成。　1957.4.3　田園調布

東武では復興期輸送用にモハ63形を導入、続いて自社設計によるモハ7800系を大量に増備した。茶色時代のモハ7853。　1958.1.1　大師前

戦前の特急車デハ10系は、1950年代、新しい特急車登場により浅いブルーとベージュ色の急行車に整備された。　1957.6.18　幸手

馬力)、次の３は制御器がＣＳ-5形、10の位は０～６が客車、７～８が荷物車(合造車も含む)、９が郵便車(合造車も含む）ということになった、これで判りやすくなったような気もしたが、ややこしいのはモータを交換して出力を上げると、即ち改番が必要ということになることであった。いまの東武はこの方式は採っていない。

関東地区の私鉄は東武、東急、西武、南武と東西南北をつけた社名が多い。その「東」であるが、東武と東急が大手私鉄として名を連ねている。東急は東京横浜電鉄時代から緑色の車体色がお好みで、昭和29年の軽量車5000系はその緑も草色に近い淡い塗装色で登場した。軽量、たまご型の車体、正面の大きな２枚窓は青蛙のあだ名とともに一躍有名になった。

譲渡車、在来車のなかで、経歴的には面白い電車もいた。西武鉄道多摩湖線のクハ1101もその一つで、姿かたち、台車から見ても元はガソリンカーということが判る。このような車輌、いまでは情報網も充実しているので、どこの車輌がやってきたとすぐニュースとして流れるが、クハ1101が走り出したころはガソリンカーの改造は判ったとして、元はどこの車輌なのかしら？　と言うとまどいもあった。「ガソ改」とはガソリンカー改造の略だが、このような珍種を調べるのが面白いという愛好者もいて、雲仙鉄道から篠山鉄道そし

▶かつての萩山車庫線風景。停車中は元キハのクハ1101号で、モハ101形と組んで多摩湖線等で活躍した。 1955.5.5 萩山

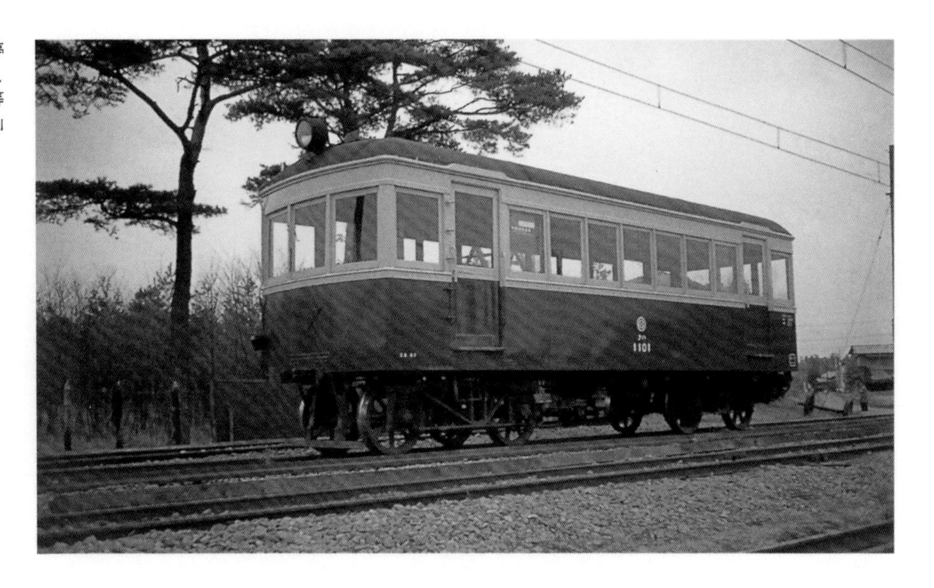

て国鉄を経て西武に来たということが判った。

この車輌を現物に当って調査した中川浩一さんは、車輌の前歴を透視法という車輌調査方法で調べるやり方のあることを当時の雑誌に述べておられる。車輌を斜め方向から見ると、旧番号や社紋が光線の奥の塗装の中から見えることがあるというわけで、古い車輌を調べるとき、一応は試みてみる手法でもあった。車輌調査には文献だけでなく現地調査も欠かせないことなのである。

京成電鉄では2段窓の近代的なスタイルとなった昭和6年製のモハ200形からしばらくの間、非対称扉配置の特異な車輌を新造する。扉を左側面と右側面とで位置を変え、乗客が均等に車内に乗ってくれるように考えられた方式と思うが、「京成」という一つの特徴を醸し出していた。

この非対称扉配置は木造車を鋼体化改造した14m車モハ300形や、クロスシート車1500系にも及んでいる。

戦後、アメリカブームというか英語ブームとなり、

最後まで小平支線で活躍していた旧武蔵野の木造車モハ201形203号。 1955.5.5 萩山付近

戦後京成電鉄に導入された国電戦災復旧車は、限界の関係で車体中央を200ミリ縮めた。緑の濃淡に塗り分けたクハ2012号。　1956.6.2　京成関屋

新京成の木造最古車。京成モハ39が譲渡されたもので、元は窓上に半月型の模様があった。
1958.9.20　習志野

▲1938年、木造車を鋼体化した14m級の半鋼製電車。扉の位置が両側面でズレているのが特徴。軽快なボディに片隅運転台、バネが軟かなMCB台車が魅力であった。　1958.9.20　習志野

▶手前は1941年大戦前夜に登場したクロスシート付きクハ1500形の火災復旧車体新製後の姿。特急「開運号」の予備車としてテレビ付き4輌編成に整備された。　1958.9.20　高砂

巷に英語がはんらんした。戦時中、英語は敵性語で使用はまかりならぬ…と言われた反動もあろう。電車の側面にもＴＫＫ（東京急行電鉄）、ＯＥＲ（小田急電鉄）などのレタリングがほどこされた。京成鉄道はＫＤＫであった。しかし、この現象は関東の私鉄が主で、関西の大手私鉄では見られなかった。ＫＤＫこと京成電鉄、いまはＫＤＫではファンぐらいしか理解してもらえないと見たか、keiseiとなっており、他私鉄からも略称の３文字は影をひそめている。

京成の旧型車や木造車は関連会社の新京成電鉄に転属し働いていた。編成はというと１輌、１輌と言うと編成とはちょっと言いづらい。その新京成はいま８輌編成と急成長をとげており、京成からの譲受車でもっぱら運転を続けていたのも解消し、自社発注のオリジナル車が走っているし、塗装も京成とは異なった独自のカラーとなっている。

昭和20～30年の京成の特異な車輌として26頁に写真のあるクハ2000形がいた。元国鉄の戦災車などを譲り受けて制御車化した車輌であるが、国鉄より車輌限界が狭いので、車体幅をつめて再生した。このために正面の貫通扉がずいぶんと狭くなっている。長い車体を真ん中で切って幅をつめたというが、プロレス力道山の真っ向う・唐竹割りのようにスパッと割れたのだろうか？

■

現在の近鉄奈良駅の手前の奈良の都大路を電車がノロノロと走っていた。そこを走るのは奈良電と近鉄奈良線の電車であった。いま思うとびっくりするような風景だったが、そのときは特に気にもしなかった。そのころとしてはかなり広い道であり、高速電車もここでは慎重に走っていたから、特にあぶないと感じることもなかった。自動車も少なかったからである。

しかし、奈良電のデハボ1000形のように１輌ならいいが、近鉄奈良線の800系のように編成が長くなると運転する方はかなりしんどそうである。

関西の私鉄は関東より早い時期に発達したため、関

近鉄奈良ー油阪間約1.0kmは、緩やかな勾配の併用軌道区間。古い家並みを背景に、京都から奈良電デハボ1004号が入って来た。
1959.12.7　奈良ー油阪

森永ミルクキャラメル
たばこ
竹本氷販売所
電話3592番
氷

京阪300形は同社最初の高速度連結運転対応車で、デッカーシステム制御器を日本で最初に採用した。晩年はダークグリーン一色で宇治線で活躍した。　1956.11.18　中書島

特急用の大型車が導入されても、1950年代の阪神急行車は茶色一色の小型車の天下であった。限界拡張でステップ付きとなった861形870号。　1956.11.20　尼ヶ崎

米国イリノイセントラルの1100形をモデルに製造されたという新京阪時代の代表車、阪急100系。Ｃ53の特急と競って追い越したという逸話の持ち主。２段窓全長18.9mの当時としては大型車で、タイフォンの代わりにスタイルに似つかしからぬチンチンベルを鳴らしていた。　1964.3.23　桂

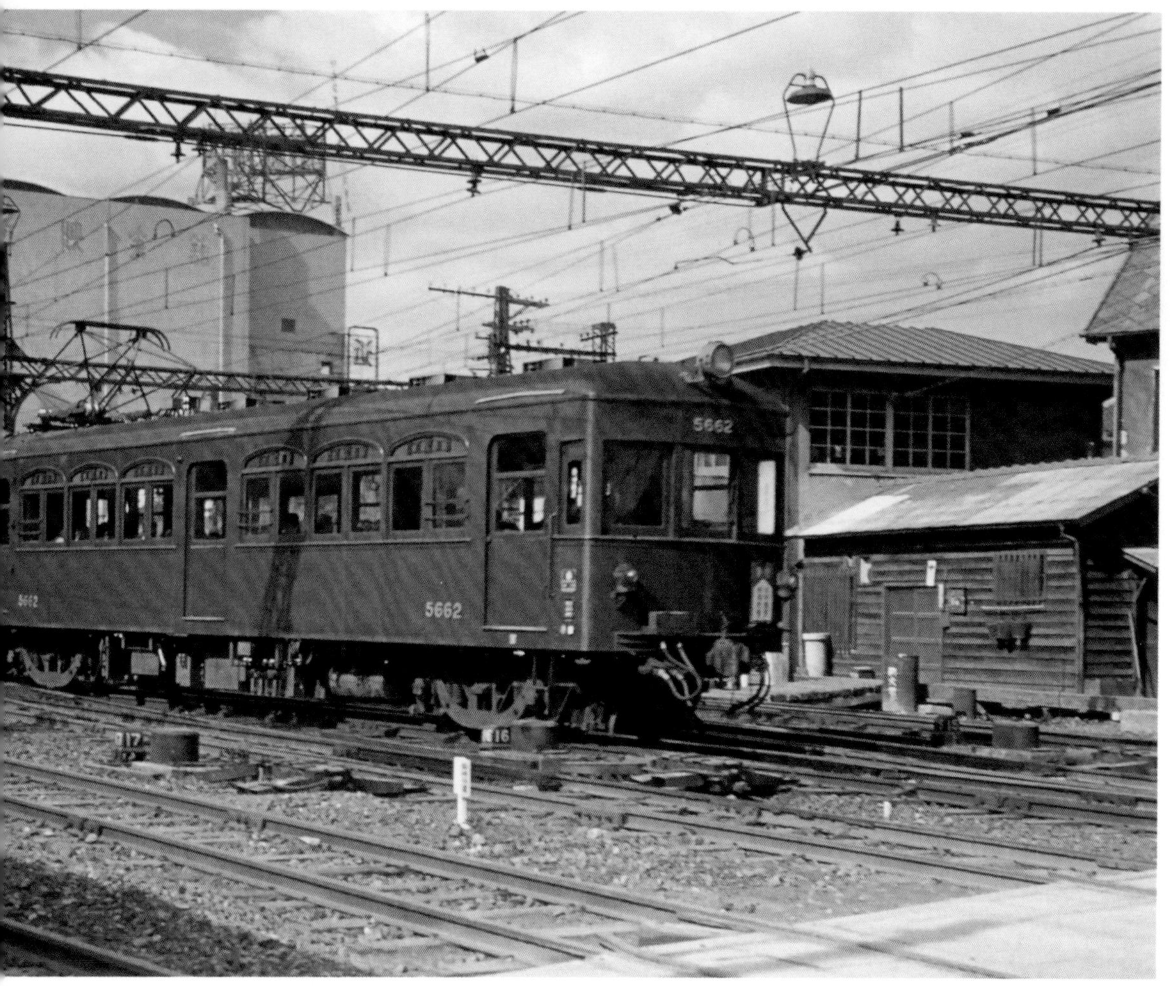

近鉄モ5651他。旧大鉄が1927年に登場させた優雅な半月飾り窓付きの半鋼製車。濃緑色の同型３輛編成は京王の500と共に電車美学の極致。
1957.9.12　阿倍野橋

東では見られない色々な風景に出合わすのが面白かった。奈良駅付近の路上の他にも市街地の路上を走る高速電車区間は京阪の大阪、山陽の兵庫などにもあったし、市電と高速電車の平面交差、西宮北口の阪急同士の平面交差も見られた。

奈良の名物、鹿をデザインしたヘッドマークを付けた奈良線の特急車800系は昭和32年に近畿車輌で製作されたが、シュリーレン型台車付の18m車で、奈良線の15m車が20m車に伸びる過程での優秀車であった。一番の特徴はフレームレスの１段下降窓ではないかと思う。窓の開閉には窓ガラスに取付けられたつまみを摑んで行なう。正面の窓上が凹んでいるのは国鉄ＥＨ

▶近鉄がダークグリーン一色の時代に、スイス風のマルーンにステンレス帯の車体は人気が高かった。併用軌道時代の奈良駅に入るモ808ほか４連。 1959.12.7　奈良

南海の一般的なスタイルのモハ1201形1225号。少し明るい濃緑色と窓枠ニス塗り、ステップ付き客室扉、正面のスカートがこの時代の南海独特のもの。番号の難解さも特徴の一つ。1956.11.20　天下茶屋

▶モハ52形と共通する4ッ窓流線形の京阪1000形1006号。流線形であってもスカートなしであまりモダニズムを感じさせない。
1956.11.18　中書島

10形と同じである。

この奈良線もそうであるが、明治、大正期に開業した関西の私鉄路線の大半は全長17mにも達しない車体幅の狭い電車が走っていたところが多かった。奈良線のほかには阪急宝塚線、阪神があった。これら各線は昭和29年の阪神を始めとして順次、車体長も車体幅も大きい車輌が走れるように改良されて、今日のような18～20m車時代となったのである。

近鉄京都線となった奈良電こと奈良電気鉄道の開業は昭和3年と比較的遅いが、近鉄奈良線への乗入れ運転も当初から頭にあったので、車体幅（全幅）もデハボ1000形で2628㎜と小さ目である。

当時の私鉄で最も代表的な電車の一つである参宮急行（近鉄）のデ2200。ダブルタイフォンは他には無く、車内のクロスシートも鉄道省の2等車並。車体長19.7m強（全長20520㎜）で、標準軌間なので省電を凌ぐ豪華さであった。
1957.9.12　鶴橋

一方、大型車の方は、阪急京都線、近鉄大阪線、南大阪線、南海本線といったところである。しかし、これらの線区も大阪線を除いては小振りな車輌も区間運転や支線区間として走っていた。

豪放な走っぷりで人気のあったのは阪急京都線（元新京阪）の100形、1500形で、近鉄2200系と共に関西を代表する私鉄電車であった。代表する電車という看板にもう１枚、阪和も加えるところなのだが、阪和は戦時買収で国鉄阪和線となってしまった。

阪急のデイ100形、戦後の特急として復活した時もあったが、新造車に主役を譲り、そのあとは急行などによく使われていた。更新修繕のとき室内の換気が、小さな半円球状のお椀型ベンチレータでは不足気味だったのであろう、グローブ型ベンチレータに交換されている（発車の時にはチンチンとベルを鳴らしていた）。

話は変るが昭和10年すぎ、流線形時代を迎えた。国鉄モハ52形のライバルとして京阪の1000形、1100形が登場した。京阪の流線形車は正面の４枚窓はモハ52形と同じであるが、台枠から下のスカートは最初から付けていなかった。そして昭和12年製が1100形、昭和13年製が1000形と年代と番号の順が逆になっているのも面白かった。多分、クロスシート車に1000といういい番号を付けたのかと推察する。この1000形、戦後も急行、特急として活躍した。

京阪の特急は1300形も走っている、1700系、1800系、1900系と受け継がれ、今は3000系から8000系となっている。

小型車が疾行していた阪神電気鉄道の大型車化は昭和29年の3010系からであった。クロスシート２扉の3010系は特急として走り出したが、各停用としては小型車の代替として、高加減速性能を持たせた5000系ジェットカーを就役させた。シカゴの高架鉄道などに走っていた都市高速電車を見据えながら設計したジェットカーは加減速度が速いので、座席に座っているか、握

複々線化間前の近鉄大阪線離合風景。右手前は濃緑色モ2007、中央は2200形2227～の名阪特急仕様による編成。戦後、真っ先にツートン化したクリームとダークブルーの塗装であった。
1957.9.12　布施

終戦直後、1947年生れの近鉄大阪線専用大型荷物電車。これ程堂々たる荷電は他に例を見ない。黒色に正面窓下虎模様のモワ2811号。　1957.9.12

り棒につかまっているかを基本とするとして当初はセミクロスシート車として作られたが、その次のジェットカーはロングシート車となっている。その後の各停車はクリームと紺に近い青、急行系はクリームと朱といった塗装に落付き、それぞれ青胴車、赤胴車とニックネームが付いた。赤胴のいわれと元となった赤胴鈴之助とは雑誌少年画報に載ったキャラクターである。

国鉄湘南電車に始まった正面２枚窓と塗り分けの流行に、大手私鉄をはじめ猫も杓子も追従したなかで、阪急だけは毅然として３枚窓とチョコレート色を守り通した。プライドがあるというか、ポリシーがあって立派であるというファンの声も決して少なくない。２枚窓車は運転席が広々として良いのが特徴であるが、正面中央に貫通扉が付けられないため、恒久的な通勤車の前面デザインとはならなかった。

■

関西の私鉄電車は木造車、正面大きなカーブを持った５つ窓車など、バラエティーにも富んでいた。「流線形が電車に採り入れられる前の流線形」というと話はややこしくなるが、左右を大きくカーブさせてその時代としては「かっこよく」見せた電車である。半円型の正面を持った電車、５つ窓車は関東にも京成、東武にあったが、関西のような丸っこいカーブとはなっていなかった。思えばそのころの電車は各鉄道会社ごとに個性があった。大型車の近鉄大阪線、阪急京都線。小型車は阪神、近鉄奈良線。中庸をゆく阪急神戸線、京阪本線、それぞれに…。

そしてそれは車輛だけでなく、駅の案内放送、行先方向板、乗務員の服装、乗車券の様式それぞれが異文化の時代でもあった。例えば乗車券を例にとると、まだ自動券売器などの出る前の話であるが、関東の大手私鉄はほとんどが国鉄と同じ硬券であった。一部にはコストダウンを考えてか半硬券もあったが…。

しかし関西は一部は国鉄に準じた方式もあったが、券は市電のようなぺらぺら紙で、ゴム印を押して発行しているところもあったし、入鋏も駅ごとに異なった形のパンチ穴があく方式は少なかった。

その後、企業が大きくなり、転勤も増えると東西文化の交流は盛んになり、東海道新幹線の開業は気軽に東京と関西の移動が可能となり、関東の電車の車内で関西弁でしゃべっても、誰れも奇異に思わないようになってきたようだ。いや、それぞれが、最近では中国語、その他の外国語も飛び交っている。電車も変ったが、乗ってる人も変ってきた。

活躍する戦前派

戦前、戦後という言葉をよく使うが、最近の若い人にはどうとらえられているか、気になる。ベトナム戦争の後かとか、イラクとの戦いの後かなどと言われそうであるが、第2次世界大戦で日本が敗戦となった昭和20（1945）年8月15日が「前」と「後」の境界で、日中〜日米戦争中を差す場合は「戦中」という用語も使われる。ここでは「中」はなしとして「前」と「後」として話は進めたい。

戦前の車輌、スマートな流線形車もあったが、一般的にごつく、軽量化などを考えて作った車輌は少ない。したがって走りっぷりも力強く勇ましい。ごつくて当り前である。

その戦前派も昭和10年代、さらに遡って昭和ひと桁、大正となるとリベットも一杯の車輌となる。昭和から大正と年代が変る時は電車、客車の木造車→鋼製車の変換期でもあった。その後、リベットから溶接主体に、電車、客車の印象も大きく変ってゆくが、少なくともリベットの頭が一杯並んだ流線形は「さま」にならないだろう。戦前派の電車、客車はその姿によって製作年代がかなり判る。

1956年頃までは戦時設計の凸型車体を載せたＥＦ13の姿を見ることができた。　1955.2.6　品鶴線西大井付近

戦前の国鉄機関車はそれぞれ味があって、ファンの好みも分れる。シルクハットのような化粧煙突と２つコブを持ち、全体的に曲線美のＣ51形や、３シリンダで細いスポークに１つコブ、直線美のＣ53形ならではという人もいるし、ボイラーも太い日本最大級のＤ52形がやはり勇ましくていいという人もいる。

電気機関車でもファンの好みはさまざまであったが、戦前派では最も均整のとれたＥＦ53形や、パンタグラフが車体の前方に突き出たようなＥＦ57形のファンも多かった。ＥＦ57形（ＥＦ57 1を除く）は戦後東海道線の電化が延びたとき、建築限界の関係でパンタグラフ高さを下げる必要があり、そうでなくても前方にあったパンタグラフをさらに前方へ繰り出すような改造をしたから、余計突き出ることになった。

戦後の混雑時はデッキ付電気機関車のデッキも乗車スペースであった。ＥＦ57のデッキに乗った人の話では高速になるとパンタグラフのスパークが飛び散って怖かったという。

第２次世界大戦がたけなわになって、ＥＦ58形、ＥＦ13形、Ｄ52形という戦時型機関車も製造された。資材節約で凸型となったＥＦ13形、軽すぎると空転するのは機関車の宿命、鋼材節約で軽くなった分、コンクリートを積んで死重としていた。

▶首都圏最後のＣ51は佐倉機関区に在籍して成田からの行商列車を担当していた。10時過ぎに上野を出て成田へと戻るＣ51 180〔佐〕。本機はこの年の６月15日から７月10日にかけて晴海で行われた鉄道科学大博覧会に展示されたのち酒田機関区に転じ、10月に廃車されている。画面後方に見えるオーバーパスは東武伊勢崎線で、かの下山事件の現場でもある。　1962.2.13　常磐線北千住－綾瀬

▶（右頁下）1950年代にはまだまだ戦時設計の車輌がそのままの姿で残されていた。戦時型除煙板を木製から鋼製に取替え、その他は未改装のまま活躍を続けていたＤ52 222〔沼〕。　1956.4.22　沼津

往年の３気筒、東海道・山陽の代表機であり多くのオールドファンの人気を集めたＣ53。教習用として吹田に残っていた45号機が鷹取工場で動態復元されて鷹取－吹田（操）間を走った。わずか３日間ではあったが、忘れられない前代未聞の盛時であった。
1961.9.20　山陽本線西ノ宮

C51 180

D52 222

戦前の鉄道省を代表する本線用電気機関車ＥＦ53、その中でもこの16号機はお召列車専用機として激動の時代を走り続けてきた。その向こうのお召用として製造されたＥＦ58 61にその任を譲って、後年ＥＦ59（14号機）に改造されて栄光の時代に幕を下ろした。　1955.1.15　東京機関区

ドイツはシーメンス製のＥＤ24（旧ＥＤ57）は八王子機関区に所属して中央本線の貨物列車に細々と活躍を続けていた。直径1400㎜の大動輪を擁した軸距3500㎜もある台車がドイツ機独特の風貌を生み出していた。　1955.10.14　中野

▶かつては英国製のＥＦ50とともに東海道本線で働いた米国ボールドウィン・ウェスチングハウス製のＥＦ51。清水トンネル電化により上越線で活躍の後、２輌とも西国立に配置されて南武線の貨物列車を担当していたが、1960年代を見ることなく廃車された。　1957.12.1　立川

▼堂々たるデッカーの大型機ＥＦ50は比較的早く廃車が進み、1957(昭和32)年頃には８輌全機が姿を消してしまった。
1955.10.12　東京機関区

戦前の国鉄大型電気機関車を見ていた者にとっては大型機は先輪とデッキがあるものと思い込んでいた。ＥＨ10形、ＥＦ60形などが出てくる前の話である。そして、ＥＦ級の電気機関車のなかではＥＦ50形が一番大きく、魚腹台枠の車体やクロコダイルのようなベンチレータにも特徴があった。この機関車はイギリスからの輸入機で、全長も20mを越えた大型機であった。一番大きいからパワーも一番かと思ったが、時代がたてばモータも改良される。後から出場の国産機の方が強力と知って、ちょっとがっかりしたが、技術は進歩するのであるから当り前の話なのである。

東京機関区にいる電気機関車は山手線や京浜東北線の車窓からもよく見えた。そんななかでデッキが白くピカピカのＥＦ53形がいたが、これは御召列車牽引機であった。御召牽引機は東海道線電化以来、イギリス製の6000形（ＥＤ51形を経てＥＤ17形となる）からアメリカ製のＥＤ53形を経て、ＥＦ53形でやっと国産機がその任に当ることになった。その後はＥＦ53形に代ってＥＦ58形となっている。

ＥＤ級は輸入機も多く、国産の古顔ＥＤ15形などとともに１形式の輌数がまとまってなく、保守は難義であったようだ。戦後に西武鉄道、近江鉄道などへ買収電機ともども譲渡されたものもある。

ＥＤ級の東京付近での最後の集結地は西国立駅の傍らにあった八王子機関区の西国立支区であった。ＥＤ36形は青梅電気鉄道の買収機で、国鉄のＥＤ17形とは同じ仲間であるが、青梅の方は同じＢＢ型ながらやや小型であった。ＥＤ36形と国鉄の形式に改番されたあと、西武鉄道へ貸渡しとなったりしていたが、後に４輌全機とも西武鉄道へ譲渡されてＥ41形となっていた。正面、左右の側面とも非対称で、パンタも１基と２基があり、模型を作る人を悩ませた。

昭和10年代は流線形時代から戦時型へと、日本としては変化の著るしい時代であった。

国鉄は蒸気機関車、電気機関車、電車、気動車と各車種があったから、それぞれ流線形を登場させた。Ｃ53、Ｃ55、ＥＦ55、モハ52、キハ43000の各形式で、電車はモハ52形のほか半流と言われていた正面の形状が丸みを帯び、一部張り上げ屋根のモハ41、43、51、54、60などの形式もあった。また、Ｄ51形、ＥＦ56形、ＥＦ10形、ＥＦ11形の一部も半流であった。これらの時代が鉄道省時代の黄金期とも言えよう。

国産の省形電気機関車の代表格だったED15は昭和初期から八王子機関区に所属して中央本線新宿〜八王子間で働いていた。1955.10.14　新宿

1950年阪和線に転属した流電一族13輌のうちモハ43039(後のクモハ43810)は張り上げ屋根から布張りとなり、雨樋を通常位置に戻した。モハ52005とともに阪和線特急色ではなくブドウ色であった。
1954.12.7　鳳電車区

20m車転入以前の飯田線は17m級モハ30、31、32系等が主役であった。モハ11000は2重屋根の旧モハ30系モハ30004の改番車である。
1952.2.11　豊橋

モハ51069は1944年に1932年製平妻型モハ41009から改造された。同じ仲間4輌とともに関西緩行線で長らく活躍。　1954.3.29　京都

チョコレート色の鋼製の国電、電動車の形式で言うと、モハ30形（後のモハ10、11形）からモハ64形ぐらいまでは、国電というか鉄道省時代に作られたのが多いので省線電車、省電というべきかとなるが、いずれにしても男の電車という面構えであった。

関東にはまだ20mの私鉄電車が走ってないころ、20mの省線電車は堂々として見えたし、関西へ行けば流線型のモハ52形をひとつの頂点に、クロスシートの省電もいて憧れの的だった。

流線型モハ52形は戦後も塗分けとなって再びスポットライトを浴びるが、湘南電車モハ80系、3扉セミクロスシート車モハ70系が新製されるに及び、阪和線→飯田線へと転じて行った。

モハ52形につぐ電車は半流、広窓のモハ43形の43038～からの4輌編成2本であった。モハ43形の広窓車も戦後は阪和線から飯田線と転じている。

チョコレート色のモハ52形（45頁）やモハ43形（上）は更新修繕で通風器がガーランド型ベンチレーターからグローブ型ベンチレータとなっている。円型の大きなグローブ型ベンチレータ、ファンはこれを縮めて「グロベン」と呼んでいた。戦後の国電のシンボルマークのような通風器として印象に残る。

当時の山手線はモハ73系に交じり多くの17m級モハ30、31系やモハ40系モハ60が活躍していた。モハ60は17m車の撤退後も101系の導入直前までその姿を見ることができた。 1957.7.5 東京

振り返ってみると、かっこうのいい国鉄車輌が作られた良い時代は意外に短かかった。ウインドシルやヘッダーのないスマートな省線電車（国鉄電車）として昭和14年度から登場したモハ60形を例にとると、翌年度からは屋根は雨樋張り上げから布張りとなり、ウインドシル、ヘッダーも付いて元に戻ったの感となってしまった。ちょうど昭和15年は〝紀元は2600年〟と歌も出来て国民はうかれていたが、実際は戦争の影響で資材面ではもうそろそろ苦しくなってきた時期であった。そういえばモハユニ61はじめ、私鉄でも電動車として計画しながら、モータの付いていない未電装車も登場しはじめている。ヒタヒタと戦時色がただよってきたのである。

国鉄の買収機関車としては洗練されたスタイルをしているのが日本車輌・東洋電機製造のコンビで作った豊川鉄道のデキ54である。昭和19年製なので、ＥＦ13形のような戦時設計型の車体であってもおかしくないのだが、日本車輌の設計・製作陣も、そんなことを意に介さず作ったものと感心する。国鉄買収後の改番でＥＤ30形となっている（のちに伊豆急に転じ、現在は車籍はないものの東急電鉄ＥＤ30として入換に使用。塗色は草色）。

二重屋根のモハ62はモハ32が横須賀線から飯田線に入った時、３扉のモハ30を２扉化してモハ62としたが、30系が低屋根化してモハ10、モハ11になるとモハ62も低屋根となった。二重屋根２扉の姿は大変珍しい。 1952.2.11 辰野

豊川鉄道からの買収電機ＥＤ30も住み馴れた飯田線を離れることなく豊橋にいた。 1952.2.11 豊橋

▲２輌目に社型Ｔ車を挟んで鳳駅を発車、和歌山方面に向かうモハ43039。すれ違うのは阪和電鉄からの買収電機ＥＤ38牽引の貨物列車。　1954.12.7　鳳

▶暖房車スヌ31を従えて冬の高崎線をゆくＥＦ55 2。転車台での方転が必要であったり、特異な流線形が災いしてＥＦ55はいささか不遇な晩年を過ごしていた。　1955.1.15　尾久－日暮里

戦前の電気機関車で唯一の流線型となったＥＦ55形はフランスの２Ｄ２　5541のように両端とも流線型と言う案もあったようだが、連結した編成美を考えてか、2CC1という車軸配置とし、片側のみ流線型とした。流線型ではない側にも小さなデッキと運転台はあるが、先輪が２軸でなく１軸なのでターンテーブルで転換して使っていた。電気機関車としての機能面を殺しても流線型の美にこだわったのであるが、ＥＦ58形のように両端流線型としても違和感のないデザインとすべきでなかったのかとの声もある。

ＥＦ55形、あだ名は「かば」であったが、戦後いつの間にか「ムーミン」となっている、どちらがいいか、判断はおまかせする。

写真下と37頁の扉に掲げたのは凸型ボディー時代のＥＦ13で、戦時中の最も資材が不足している時期に造られた大型電気機関車だった。順次普通の箱型の車体に載せ代えられてこの無骨な姿を目することはできなくなったが、この時代には戦時型のＤ52などとともにまだまだ現役だった。

新鶴見機関区で待機する凸型車体時代のＥＦ13 5。パンタグラフはすでにＰＳ13に載せ代えられている。本機はこの写真の２ヶ月ほど後に旧ＥＦ58 5の車体を譲り受けて箱型に改造されている。　1957.1.20　新鶴見機関区

阪和線の特急用流電はクリームと茶色の阪和線特急色であったが、社型Ｔ車を挟んでモハ43039と編成を組む005はブドウ色であった。背後を通過してゆくのはＥＦ52牽引の阪和線急行列車。
1954.12.7　鳳

冬晴れの昼下がり西国立で長閑に出区を待つデッカーＥＤ36 2〔八〕。青梅電気鉄道からの買収電機である本機は、この写真の数年後に西武鉄道に払い下げられて同社のＥ44となっている。　1957.12.1　西国立

にしくにたち
西国立
NISHIKUNITACHI
たちかわ
TACHIKAWA
やがわ
YAGAWA

横須賀線用の電動車はモハ32形であったが（後の改番でモハ14形）、電動車は17mで、付随車・制御車が20mという組合せであった。省線電車の長さが17mから20mへの移行期で、急がれたことは明らかであるが、電動車は17m車のモハ31形を大幅に設計変更して20m車とする時間的余裕がなかったのであろうと思われる。モハユニ30の後に生まれたモハユニ44は20mとなったが、付随車は客車の20m車も出来ているので問題はなかったようだ。

そのころの横須賀線だからホームで整列乗車もあまりなかったことと思われる。車長の異なる電車が混っているとホームに停車したとき、扉の位置が一定しない。もっともその後の横須賀線は3扉、4扉も混り、はては関西から42系の20m 2扉車も来たのだから、ホームに立っている人にとっては目の前に扉がきてすんなりと座席にありつけるかは時の運であった。もちろん昨今の「乗車位置目標」などない時代である。

このモハ32の一統は70系などの入線で身延線、飯田線へと転じて行った。写真は身延線用で更新修繕を受け、低屋根とし、正面の幕板のところは屋根との境が直線であったのを半月型にされてからの姿である。低屋根としたのは身延線のトンネルの関係で、パンタグラフのある電動車だけ低屋根化し、制御車、付随車はそのままだったので、屋根に段差がついていた。17mと20m、屋根の低いのと通常のと、32系はコンビの姿が揃わなくなった。

サエ9321は旧伊那電の1924（大正13）年製16m級木造車サロハユニフ100形がルーツである。3輌の仲間のうち100が事故廃車、残った101、102が1952（昭和27）年サエ9320、9321に改造された。1958.11.3　豊橋

お客を乗せない電車は荷物車あり、試験車あり、救援車あり、配給車ありで、ゲテモノファンにはこたえられない珍種がいろいろある。

これらの車輌は新しく作られたのは少なく、大半が古くなった旅客車、しかも趣味的に興味津々の旧型車の改造というのが常套手段だったのは、この写真のころの昔話。いまは試験車ともなればハイテク機器を積んで技術の先端を行っている。

写真の木造救援車、伊那電気鉄道の買収車であるが、復旧資材などを積んで脱線事故などがあったときにはかけつけようということなっていた。「サエ」という形式記号で、伊那電の車輌としてはかなり後の昭和50年代まで車籍のあった電車もあった。

機材を運ぶため、無蓋貨車のように改造した配給車などは、今でも工場から電車区などへと車輪、電気部品などを運ぶために走っている。もっとも大半は自動車輸送に切り替わってしまっており、現在でも姿が見られるのはごく一部だ。昭和30年代は17m車の改造車が多く、種車の形態も木造・半鋼製などいろいろあったので、改造車のスタイルも変化に富んでいた。

▲関西から転入してきたモハ42系に追われて飯田線や身延線に転じた横須賀線の主モハ32系モハ32は、身延線では低屋根化（のちのモハ14800番代）されて姿が大きく変化した。いざシャッターを押した瞬間、馭者が引く馬がぬぅと画面を過ってしまった。1958.2.21　身延線富士

▶1950年代後半から配給車群はモハ30、31系からの改造車が充当された。高架化前の高円寺駅手前を三鷹方面に向かうモハ30系改造直後のクル29。
1957.7.7　中野－高円寺

鶯谷で離合するＥＦ57とＣ60。ＥＦ57 8は高崎第二機関区の配置で、高崎線下り列車を牽いて上野を発車したところ。対する尾久機関区のＣ60は上野駅に組成済列車を推進中である。 1955.1.15 鶯谷

1950年代の長距離列車といえば機関車牽引の客車列車がすべてだった。電車や気動車が長距離輸送の世界に姿を現すのは昭和33（1958）年の「こだま」や「はつかり」以降のことで、それまでは蒸気機関車や電気機関車が先頭に立っていた。ディーゼル機関車もＤＦ50が登場するまではほんの一部の列車に試作機関車が使われている程度に過ぎなかった。

電車や気動車と違って進行方向を自在に変えることのできない機関車列車の場合、いちいち機関車を付け替えなければならない不便さがある。行き止まり式ホームの上野駅では機関車の付け替えができないから、尾久の操車場で組成した列車を機関車が後ろから押してホームに押し込み、定刻になると今度はそのまま機関車が先頭になって発車してゆく方式をとっている。これは現在でも変わらないが、機関車牽引の列車ばかりだった1950年代は、鶯谷のホームで見ていると上野に出入りする機関車列車がひきもきらず、何時間いても見飽きることがなかった。

その上野を出た信越本線の列車はアプト式だった碓氷峠を越える。今ではその碓氷峠もない。

◀碓氷峠の中間駅だった熊ノ平に停車中のＥＤ42形４重連後補機。すでに粘着式新線への移行準備が始まっており、構内には架線が張られている（ＥＤ42は第３軌条集電）。アプト時代の横川ー軽井沢間は、わずか11.2kmあまりに30分を費やす輸送上のネックであったが、1963（昭和38）年９月30日をもって粘着式に全面的に切り替わり、国鉄唯一のアプト式はその姿を消した。 1963.5.26 熊ノ平

路面電車
最後の輝き

アメリカやヨーロッパでいま路面電車というかライトレールが各都市で走り出している。日本の路面電車も広島や長崎では奮闘しているが、福岡や名古屋などではすでになく、東京でも旧王電１路線しか走っていない。大阪にしても阪堺電気軌道が、わずかに走っているだけで、市の中心部にはその姿はない。

日本の路面電車は戦時中の空襲による被害も受けたが、戦後逸早く立ち直り、1950年代中頃がピークとなった。そしてその頃から自動車が急速に増え、邪魔者扱いにされ、大都市のほとんどから「アッ」という間になくなってしまった。事に性急な日本人の性格をよく現わしているのが、この路面電車の廃止政策などだったと思う。

さて、これからしばらくはその市内電車の最後の輝やいていた時代の姿を東京都電を主体として眺めて見よう。この時代、路面電車の走る都会の道には自動車の姿も少なく「交通渋滞」なんていう言葉も辞書にもなかった。ゆったりとした空間が都会にもあった時代である。これが写真からもうかがえる。

皇太子御成婚の花電車パレード。５輌の花１形（オープン単車）の前後に乙1000形を加え、最後尾には紅白幕を窓下に巻き付けた6000形がお供した計８輌によるパレード。　1959.4.14　田村町

都電14系統の杉並線は、西武鉄道より買収した路線で、都電唯一の1067mm軌間であった。最初全線単線で、先ず鍋屋横丁まで道路が拡がり複線となり、その後次第に複線化が進んだが、終点付近の旧道部分は、中央本線をオーバークロスする線路移設まで往時の面影を残す単線であった。2000形最後の７輌は新造車で、7000形と同じ青緑色の濃淡塗り分け塗装だった。線路移設前、荻窪駅南口からの単線区間を新宿に向けて発車した2020号。

1956．3．26

沖の山炭
東京煉炭
川井燃料店
たばこ

東京都電の軌間（ゲージ）は1372㎜、アメリカ・イギリスの度量衡で言うと３フィート６インチである。そして戦時中に加えた私鉄からの路線も王子電気軌道はじめ1372㎜軌間だったが、唯一、西武鉄道の軌道線だった新宿駅前～荻窪駅前間は1067㎜軌間であった。この路線は系統番号14として昭和38年の廃止まで走っていたので、「14番」とか「杉並線」、あるいは「荻窪線」とか言われていた。

現在は競争させてサービス向上という世の中であるが、戦争もたけなわになってきた昭和17～19年ごろは逆に企業を統合して一元化しようというのが交通政策であった。西武鉄道の軌道線もそのような政情のなかで、昭和17年に委託されて、都電の一員として営業をするようになった。正式譲渡は戦後の昭和26年であったが、この線は敷石やアスファルトのない単線区間もあって都会のなかの田舎っぽい線として人気があった。荻窪の終点は最終期には国鉄をオーバークロスして北側の広い道をターミナルとすることになったが、それまでは狭い道（旧青梅街道）を単線で走っていた。都心の都電の6000形より車体幅の狭い杉並線用の2000形鋼製車の車体幅を見てもその状況が判断できるというものであった。

▶青梅街道から単線の旧道部分へ入る2000形2003号。初期の2000形は、1951年に木造車を鋼体化したもので、当時量産されていた6000形を杉並線の限界に収めた形態であるが、細めの車体幅と側面のバランスが良く、都電では700形に次ぐ美的な車輌であった。　1956.３.26　荻窪－天沼

1956年、終点が中央線を越えて荻窪駅北口へ移設された。天沼陸橋上の複線を行く一次新造車の2013号（クリームと緑色）と二次新造車の2022号（青緑色の濃淡）。
1959.６.13

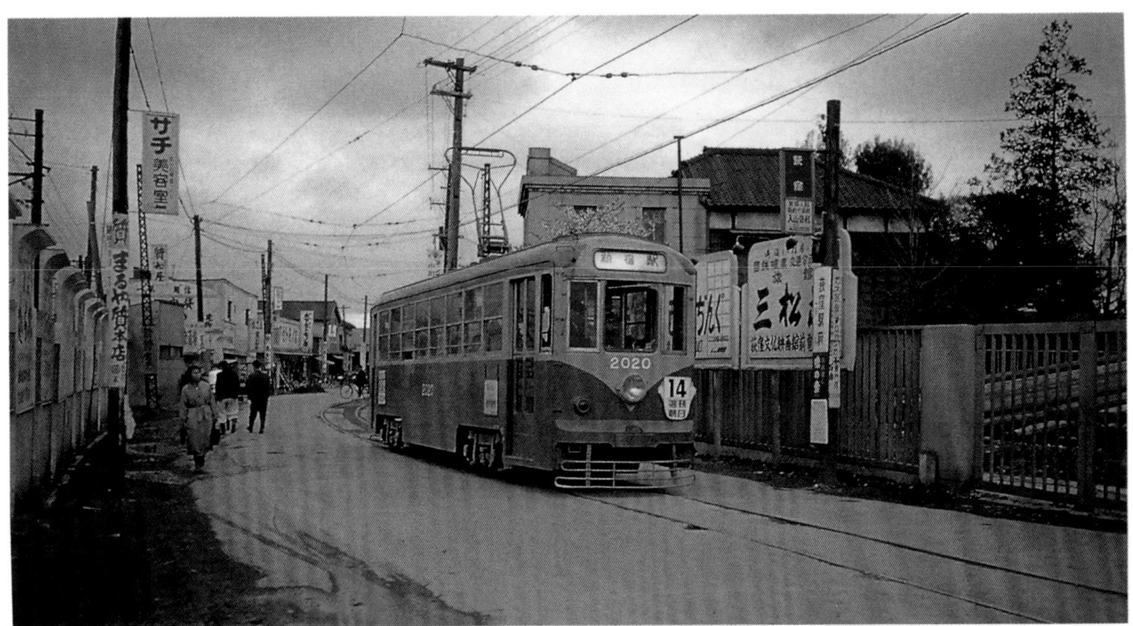

都電の大半がビューゲル化されても、杉並線はポール（当初ダブルポール、1953年よりシングルポール）が使用されていたが、1955年の2018～2024号からビューゲル化が開始された。移設前の荻窪終点の2020号。
1956.3.26

戦時下に登場した5000形以来の新造車700形は、小振りで大窓のスマートな車体と防音台車が話題になった。クリームに近い黄色と緑色の708号が首都高速道路のできる前の赤坂見附を行く。
1957．3．16

ＰＣＣカーの5501号に続いて登場した純国産の5506号。白に近いクリーム色にエンジ色の帯が別格を強調する様であった。
1956．5．20　須田町

雪の朝、荻窪へ行く木造の2000形2051号。右端に見える鋼体化2000形登場後もしばらく木造2000形（木造は番号を50番代に変更）も共存していた。
1956.2　西馬橋

都電の塗装色はよく変る。皮肉っぽく言うと、知事が交替すると都電の色も変わると言われたこともあった。石原慎太郎知事は電車、バスの方の色気には関心がないと見えて、広告車は走り出したが基本色は変化ない。

その都電の塗装色、どれがいいかは各人各様、お好みであろうと思う。しかし、窓枠とか正面の塗分け方法とが多少の変更はあったが、クリームと緑という塗分け姿が一番都電の色としては似合うように思うのだが、皆さんの色彩感覚ではいかがであろうか。

その後に塗られ、都電の最後の華やかな時代を彩どったベージュに近い土褐色にエンジの帯という塗装は5500形にはじめて採用された色である。

5500形はアメリカのP.C.Cカーにならって作られた「和製PCCカー」5501号、そして、5502～5507と仕様を日本の在来車並みにした6輌の計7輌が登場した。これらの車輌は終始三田営業所から離れることはなかった。三田営業所（車庫）は都電のナンバースクールのNo.1に相当する車庫であった。5500形の走る系統も1番であった。

軽量と低価格、10年程度の耐用年数を目標に造られた8000形は、都電は邪魔！と言う変な世論に気を使った結果登場したもの。騒音や微振動で評判も悪く、結局短命に終った。青緑色濃淡の頃の8008号。
1957.11.7　順天堂前

人間、現今になると気が短かくなったのだろう。会社の名前や人の名前も短かくちぢめて言うときが多い、かくして王子電気軌道は王電となったし、玉川電気鉄道は玉電となった。東京の路面電車として王と玉「、」一つだけの差であるから、ちょっと字面を見て早のみこみをすると間違がえる。

東京都がまだ東京市だったころ、この北の方、王子稲荷の街だった王子はまた王子製紙でも判るように紙の工場や印刷場が多くあった、紙の街でもあった。いまでもその名残りはあって、古い工場や財務省印刷局の建物もある。写真の都電160形の走っている背後には王子製紙の工場建屋が写っている。

王子電気軌道は昭和17年に東京市に買収された。いまは都電で唯一残る路線、荒川線として元気に走っている。王子電気軌道が「王電」とつめて言われているように東京都交通局の電車は「都電」である。市電となると各地にあるが、都制をしいているのは東京だけなので「都電」と言えば固有名詞として通用する。

王電と都電、軌間は同じであったが、王電が都電となるまでは相互乗入れはしていなかった。そして王電の線路は専用軌道が多く、架線柱は背が高く、上の方を見上げると送電線が張られていた。

東京都（東京市）もそうであったが、都市の電車は電力供給業も兼営していたし、その売上げ利益もかなり多かった。東京市電にしても「東京市電気局」という名前で、交通局となったのは都制がしかれた昭和18年からのことである。

王電の鉄柱、いまでも残っているところが多い。し

▲旧王子電軌より引き継いだ162号が、三の輪－王子間の平坦な専用軌道区間を王子に向かって来る。
1958．9頃　王子－梶原

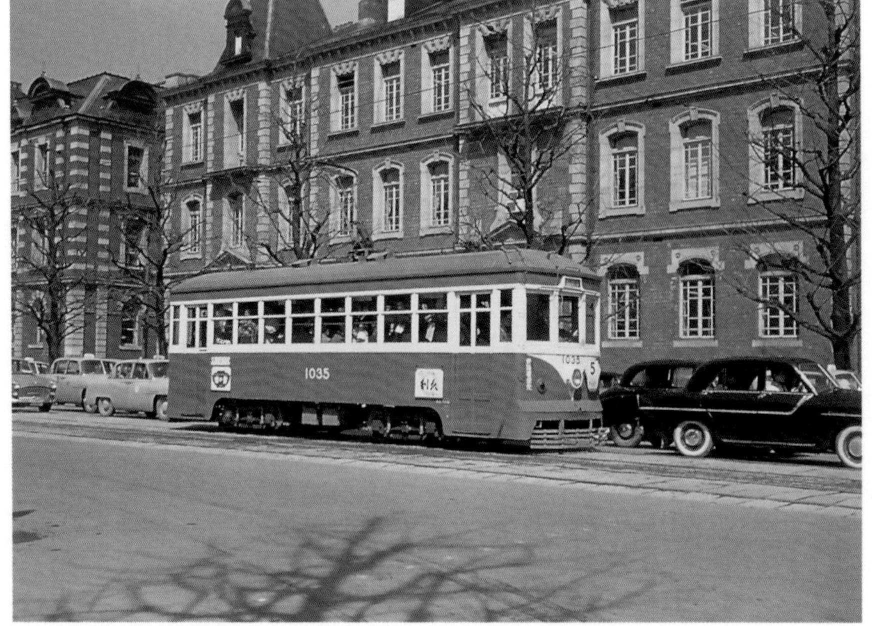

◀丸の内ロンドン街と呼ばれた馬場先門付近を東京駅に向かう1000形1035号。1957年頃よりのクリーム色は少し白っぽく変り、緑色も不透明な感じになった。
1958．4頃

かし頭がちょん切られて短かくなっている。電力送電用のケーブルが撤去されて、上の方が不必要となってしまったからである。

王電でほめておきたいことがある。それは郊外（市外）線の名残で、専用軌道を多く敷設したことである。走るによい広い道が計画当時ルートになかったといえばそれまでであるが、この専用軌道が多かったことが、都電全廃計画のなかで、１路線だけ残そうということになったきっかけである。廃止してもバスが走れる代替道路がないということが存続理由の大きな要因となっている。

王電の電車は昭和初期の一段窓の鋼製車が最後で、そのあと新製車はなかったので、王電というと屋根の深い高床木造車と１段窓の丈夫そうな鋼製車という印

▶5000形は、5500形登場まで都電最大の車輌で、使用線区も常に一定であった。車端部の車体しぼりも無いため、外観、室内共に雄大に見えた。1950年代はクリーム色と緑色塗装であったが、鋼板屋根車は屋根をグレーに塗りつぶしていて非常に目立った。　1956.5頃　日比谷

◀江ノ電の100番代は多様であった。八王子市内を走っていた武蔵中央から来た115号は、車体幅が狭くて連接車にもなれなかった。ブルーとイエロー塗装末期の115号。
1955.7.8　江ノ島

江ノ島を望む鎌倉高校前付近を走る江ノ電連接車501号。1956年に登場した新車は、クロスシートや両開扉を装備し、肌色に近いクリームと明るい緑色で、欧州スタイルと言われた。
1959.5.8

▲横浜市電の400形は、大震災後に増備された木造の単車で、1965年頃までその活躍が見られた。白に近いクリームと濃いブルーに塗り分けていたが、ブルーが褪せて空色に変ったものも見られた。ダブルルーフの421号。
1958.3.16　三渓園付近

▶横浜市電の元町〜麦田町間にあったトンネルを行く600形614号。500形の戦災復旧車であったが、単車ながらも近代的な風貌の電車であった。
1958.3.16

象で、「スマート」という言葉は結びつかなかった。

江ノ電と呼ばれ、いまでもそう呼ばれている江ノ島と鎌倉を結ぶ電鉄は、このころ江ノ島鎌倉観光という長い名前だった。国鉄の乗り換え案内のときは、きちんと「江ノ島鎌倉観光線はお乗り換え」とアナウンスしていたが、一般の会話ではこんな長い名前は呼ばず「江ノ電」で通っていた。いまは江ノ島電鉄と短かくなっている。

昭和20～30年代の江ノ電はボギー車の1輌か、連接車または連結車の2輌編成で、ダフレットを交換しながら走っていた。そしていつの間にか連接車が増え、ボギー車が1輌で走る電車は「単コロ」という愛称が付くようになっていた。この「単」は四輪単車の単でなく、単行（1輌）という意味の「単」である。

この江ノ電は1067㎜軌間だが、同じ神奈川県の横浜市電は東京都電と同じ1372㎜軌間であった。横浜電気鉄道として開業したとき、東京の電車と将来は相互乗入れしようと思っていたかどうか…。

さっきから略称のことをいろいろ書いているが、横浜は電車ではなくて、横浜全体のことを「ハマ」というのが通称として通っている。ハマッ子などと言っている。これを意識してか、横浜市や横浜市電のマークも「ハマ」の2字をデザインしている。そのハマの市電の名物は麦田のトンネルであった。いまは自動車道となっているが、トンネルの近くにかつて市電が走っていたことを記した記念碑が建っている。

伊豆箱根鉄道の軌道線三島広小路を行くモハ200形205号。元西武（後の都電杉並線）の車輛で、出入台に扉を付け運転台を伸ばしたが、客室との段差が車外からもはっきりわかる。 1957.4.13

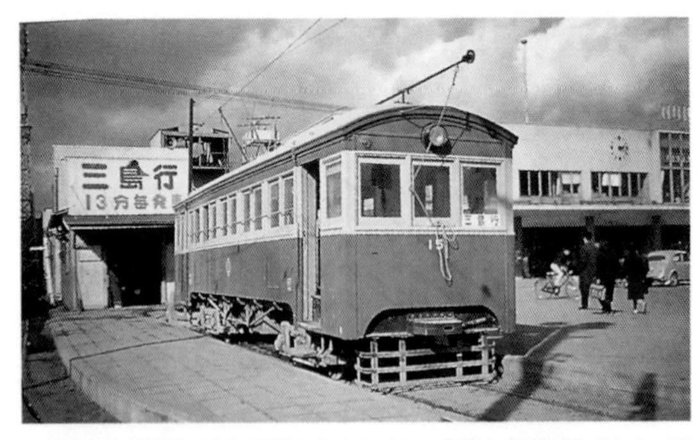

大雄山線の鉄道線車輌を改造したもので、1950年に軌道線入りした。不細工に見える木造車体は、軌道線で一番幅が広く乗客に評判は良かったが、大型車体が交通上の問題となり、廃止の一因とも言われている。モハ15号。 1957.4.13 沼津駅前

ここでは３頁にわたって各地の想い出の路面電車を紹介する。上の駿豆鉄道の電車は52頁の都電14系統の前身、西武鉄道の軌道線の電車が転属してきて、扉を付けて走っていたときの姿である。駿豆の軌道線はヘッドライトをおでこのところに付けるのが好きで、この電車もその位置にヘッドライトを付け直している。塗装色は都電と同じだったので、都電時代と変っていないと書いても誤りではなさそうだ。駿豆鉄道、箱根の観光事業などもやっていたので、昭和32年に判りやすく伊豆箱根鉄道と名を変えた。長い名前は言いづらい。地元の人は方言も加わってのことか「いづっぱこ」と、やや冗談まじりの会話のときには呼んでいる。

写真は路面電車としては戦前に連接車を登場させた名古屋市電、水の都の大阪市電、明治の残景が昭和30年代まで走っていた京都市電北野線、南海軌道線と続く。

こうして見ると新しいの、古いの、この時代の取り合せが面白い。和製PCCカーも走るというのに京都市電北野線はまだハンドブレーキで運転手が力を込めてハンドルを回して電車を停めていた。東京都電と京都市電の北野線はワンマンカーとすることなく過してきたのも記憶に残る。２人乗務からワンマンカーになったときの運転手は折返し点でもしゃべる相手がいないので当初は味気なかったのではないだろうか……。

関西に路面電車ありき…と関東の人たちをうならせ

名古屋市電の連接車3000形。名古屋市は1941～43年に合理化のため連接車を大量に登場させたが、戦時下の誕生とは思えない近代感覚の車輛群であった。 1960.7.18 栄付近

七条西洞院－京都駅間を行く京都市電北野線７号。Ｎ電の塗装は、一般の広軌線に較べて少し濃いめに塗られていた。 1956.11.19

大阪市電の大型木造ボギー車1000形1008号。大正生れながら屋根の構造や大きな窓など、堂々たる車輌であった。塗装はクリームとマルーンであった。 1957.9.12

加茂大橋を渡る中央扉付き大型ボギー車500形。塗装は明るいベージュと濃い緑色で、多客時のみ使用の中央扉も緑色に塗られていた。 1956.11.19 出町付近

阿倍野付近を行く南海電鉄軌道線（現阪堺電軌）のモ101形105号。深い屋根の大きな木造車体、ダークグリーンにニス塗りの窓枠などまるで大正時代の絵本から飛び出した様である。 1957.9.12

1957年頃の大阪市電。中央の3001形は、1956年に最新の技術で誕生したが、皮肉にも市電の最終形式となってしまった。

▲阪神電鉄国道線の「金魚鉢」。1936年に誕生した71形、戦時中から戦後にかけての増備車91、201形の計28輌は、窓の大きな流線型スタイルから「金魚鉢」と呼ばれた。塗装はベージュと濃茶色に近いマルーンの塗り分けだった。
1956.11.20　玉江橋付近

▶神戸市電の400形413号。アメリカのバーニーカーとよく似た半鋼製の単車。草色の濃淡に塗り分けた市電の車輌群は、いずれも好ましい塗色とスタイルであった。
1959.12.7　栄町通り付近

たのが阪神国道線、略して「阪国」の金魚鉢と神戸市電であった。金魚鉢、当時としてはずいぶん思い切った大きな窓を付けたものと感心する。作る人も窓の上からすぐ屋根で、もう溶接の時代となっていたが苦労したのかなァ…と思ったりしたが、紙で模型の電車の車体を作るのとはこれまた別のことなのかも知れない。

阪神は本線もそうであったが、ガラス窓が破損したあとの補充に困った戦後の混乱期にも、整った姿をしており、阪国の金魚鉢も状態はよかった。

神戸市電は300形、400形といった四輪単車もスマートで、緑の濃淡の塗分け色がよかった。神戸市民としてもこの色に愛着はあるようだ。市営地下鉄の電車の塗装色の緑はこれを引き継いでいる。

神戸ッ子はいまでも神戸の市電は日本一だったと誇りに持っているようだ。しかし、「だった」という過去形なのが悲しい。

カラフルエイジ誕生

国鉄の電車、客車はチョコレート色、電気機関車は黒とチョコレート色、蒸気機関車は黒、貨車も冷蔵車や一部のタンク車を除いて黒、私鉄の電車はチョコレート色か濃緑色と、地下鉄と路面電車以外は濃い目の塗装色がほとんどだった。第２次世界大戦時代を経て戦後明るい塗分けのカラフルな車輌が走り出すようになった。時を同じくしては日本でも高価ではあったがカラーフィルムが入手できるようになってくるのである。

さて、チョコレート色とか緑一色だった鉄道会社としてもいざ塗分けとなると色の事ゆえ迷いが出る。色見本、試験塗装として各種の塗装色の電車を走らせ、どれかに絞り込んで決める…という手法をとったのは国鉄山手線、横須賀線、東急、東武、やや時代が新しくなって相鉄などが思い出される。ここでは荒川鉄橋で撮影した東武鉄道のカラフルぶりを見ていただくことになる。

昭和20〜30年代の塗分けは直線的な塗装区分で、今日のように斜めとか曲線とか、部分的といった複雑怪奇なのは少ない。

阪神電鉄ジェットカーの第一号5001形２輌編成。伝統的な一般車茶塗り一色が打破された。1956.11.20　尼ヶ崎

112

昭和30年代の塗分けは法律があったわけではないが、窓廻りを淡い色、腰羽目が濃い色というのがほぼお決まりであった。まあ皆さんの賛同を得られる塗装色といえよう。その塗り分け塗装となると、窓の高さの異なる京浜急行のデハ230形とクハ140形の編成は塗り分けの区分があまり違いすぎると編成美としておかしいので苦心していた。クハ140形はウインドシルの下端まで黄色とし、デハ230形は窓の高さが大きいのでウインドシルは腰羽目と同じ赤茶色としていた。それでも多少段差はあった。

この140形、日本でも初期の鋼製車で、大正13年の製造であった。鉄道ファンでもあったし、京急の技術の総帥でもあった日野原 保さんはこの140形のブリル27-ＭＣＢ-2形台車の乗心地のよいことが自慢で、よくお話をされていた。たしかに釣合梁と板ばね、コイルばねがうまく組合さって、ゆれることはゆれるが、絶妙の揺れ心地であったことは事実であった。釣合梁（イコライザー）のある台車も、現在では高速走行している例はほとんどなくなってしまったが、いまの空気ばね付台車とはまた違う揺れであった。

台車ではブリルをはじめ独特の台車を付けていたのが箱根登山鉄道で、山岳線としてトラックブレーキを付け、連結器の下には大きな水タンクを付けて、カーブにさしかかると水をレールに向けて撒きながら走っていた。強羅の終点ではこの水を補給しているのがいまでもホームから見られる。レールに水を撒いて、きしり音の防止と、すベリを円滑にしているのは東急世田谷線などでも見られるが、水タンクを電車に積んでいるのは日本では箱根登山鉄道だけである。天下の嶮、箱根ならではである。

◀1950年代の箱根登山電車は、小田急の特急車に合わせたのか、薄いブルーと黄色に塗り分けたが、塗りが浅いのか退色が目立った。112号。
1957.2.11　強羅付近

▼京浜電鉄51形の晩年の姿。赤と黄色に塗り分けられ、駿足デハ230形のトレーラーで活躍した。
1956.11.11　金沢文庫

◀1956年、東武では茶色一色だった20m通勤車を明るい塗装に変更するべく各種の試験塗装車を登場させた。全体をオレンジで塗り、黄色帯を巻く案の塗装をしたモハ7863+クハ863の編成。この時のオレンジは、殆んど朱色に近い濃さであった。
1956.11.22　北千住

◀元来東武鉄道があまり使わない、昭和初期の京成のようなグリーンを全体に塗って白帯を巻いている。モハ7864+クハ864。
1956.11.22　北千住

◀東武は時にびっくりする様な色を採用する事もあれば、非常に複雑な色でセンスの良い配色をする事がある。これはベージュにオレンジ帯のモハ7862+クハ862。1956.11.22　北千住

▶正面と側面が異なる塗装。正面は窓まわりがオレンジと上下ベージュ、側面は窓まわりがベージュと上下オレンジに塗り分けた。モハ7325+クハ325。
1956.11.22 小菅

▶黄ばんだグレーにオレンジ帯のモハ7865+クハ865。
1957.6.18 杉戸

▶東武東上線の行楽特急フライング東上号用に登用された旧デハ10系のモハ5310、クハ350形。青色に黄帯塗装で、これは当時売り出され好評だった「ふるやのキャラメル」の箱と同意匠。臨電としても使用され、日光や船橋へも出張した。
1955.11.3

1954年から翌年にかけてEF58形が塗装の試験機となった。EF58 16は全体を濃いブルー、車体下辺に白帯を巻いて登場した。　1955.1.15　東京

EF58 4。グリーンの濃淡に塗り分け、車体下部に細い白線(後に黄色線)を入れたもので、試験塗装機中最も落ち着いて品格があった。
1955.11.27　鶴見川橋梁上

EF58 31。全体が藍色がかった濃いブルーで、前後のすそまわりが朱色に塗られていた。
1955.1.15　東京機関区

大型電気機関車がカラフルになったのはＥＦ58形からではないだろうか。国鉄は法規もあって車輌の色もそれに定められているのだが、時代も変って、法規はあるが、まあまあ…ということになってのことだろう。特急牽引機ほかＥＦ58形にはいろいろな塗装色のものが出現し、ファンを楽しませた。

ＥＦ58形は戦後に旅客用電気機関車として登場したときは、箱型デッキ付きであったが、暖房缶を積むように設計変更されて、車体もデッキをやめ流線形となった。正面のデザインは湘南電車クハ86形のそれの電気機関車版といったところだが、湘南電車の金太郎塗りに近似のＶ字の帯をつけてアクセントとしている。2Ｃ Ｃ2の車輪配置の上に箱型車体をのせたので、ずいぶん長い車体となっている。

それまでのＥＦ級電気機関車はデッキ付（流線形のＥＦ55形を除く）だったので運転士はずいぶん展望もよくなった。電車より大きな車輪を付けている電気機関車は高運転台型なので、ホームへ進入する時は乗客を見おろす形となって、駅長よりおれの方が偉いよう気分ではないだろうか。

ＥＦ58形はＥＦ581～31がデッキ付で作られ、後に車体を凸型ＥＦ13に移し箱型流線形となったグループと、最初から流線形として新製されたＥＦ5835～からのグループがある。ＥＦ5832～34の３輌分は欠番で、東京芝浦電気の府中工場で見込み生産で製作されていたが、ＥＦ58形として日の目は見られず、貨物用ＥＦ18形ＥＦ1832～34となった。

ＥＦ58形は175番まで製作されたが、32～34はＥＦ18

形となったため欠番のまゝで、穴埋めはされなかった。逆にＥＦ18形は１～31が欠番であった。

湘南電車80系、横須賀線70系、関西の急電、阪和線と国鉄の電車もカラフル化が始まった。そしてこのあと飯田線、富山港線などの地方国電区間の電車も独自の塗分け色となってくる。国鉄も中央集権から地方分権への気運が芽生えてきたのであろう。

電気機関車についても交流機はチョコレート色から脱却した赤色塗装色となったが、直流機はＥＤ60形のブルー色が登場するまで、黒またはチョコレート色の世界であった。

1951年、横須賀線用に登場した70系電車は、その後中央線山用（低屋根）にも進出した。塗装は、その後と較べてクリームはわずかに黄色味を感じ、ブルーも少し淡い色調であった。　1957.5.3　高円寺－中野

湘南電車も関西進出。京阪神間の急行用（後の快速）に、80系をマルーンとクリームに塗り分けて投入した。　1957.9.12　大阪

したがって西武鉄道に譲渡されたＥＤ級が青色とか一部緑色の試験塗色、そして赤色となったのを見たときは目新らしさも感じた。

73頁の西武鉄道Ｅ41形は青梅電気鉄道の買収機で、生れはイギリスのイングリッシュ・エレクトリック社、国鉄のＥＤ17形などと生れは同じであるが、やや小型、そして、正面とか左と右の側面が非対称であることがスタイル上の大きな特徴で、鎧型ベンチレータも各車まちまちなところがあって、模型を作ろうという人は

モユニ81形。長大編成の先頭に２基のパンタを上げて立つ姿は機関車のようで勇壮であった。２パンタは国電では木造モユニ12以来のこと。
1955.1.15　田町

飯田線に転じた流電モハ52形。飯田線快速時代は１輌毎にどこか異っていた。　1958.10.8　豊橋

阪和線急行色であるクリームと青緑とに塗り分けたモハ61001号。社型電車と一緒に羽衣支線の運用に入った所。　1954.12.7　鳳

少なくとも左右の正面と両側面、４面の写真が必要になる。

これは正しいと言えるのかどうか疑問に思えるのが製造メーカーの名称で、イングリッシュ・エレクトリックは和訳しやすい会社名なので、日本の鉄道会社の資料にはこれを訳して英国電気と記してあるのもある。…となると東芝の輸出電気機関車はイースト（東）・グラス（芝）製と海外の資料になっているかどうか、寡聞にしてまだ調べたことはない。

写真下のＥＤ353は仙石線の前身、宮城電気鉄道の買収機である。東北地方の私鉄は監督官庁からの指示もあったようで、車輛の自重を形式番号としている例が多い。ＥＤ35形もその一つで、35トン電気機関車ということなのである。このＥＤ35形、東京芝浦電気（後の東芝）の戦時型電機と一般に言われている凸電で、東武や京成など、同型機が各地にいた。

国鉄のモハ52形は関西急電として京阪神地区にデビューしたが、その後乗務員室扉を付け、阪和線から飯田線へと転じ、生涯を終えた。飯田線では塗装色も幾度か変ったが、流線型として人気を持続していた。わずか６輌のモハ52形、戦災で１輌を失い、５輌が戦後まで残っていた。正面のＶ字型の塗り分けは湘南電車の影響をうけ、さらに湘南色と同じになり、その後スカ色となった。

西武鉄道Ｅ41形電気機関車。元は旧青梅鉄道が英国EE製を輸入したもので、1948、1960年に各２輌ずつ西武入りした。　1955.5.15

そのクハ86形、関西の急電として配置されたときは湘南電車の色ではなかった。半流モハ43の急行も含めて関西には関西の色があるという思いがあってのことだったのであろう。阪和線のモハ70、クハ76形も阪和色と独自のカラーが塗られていた時期もある。

その湘南電車であるが、電化が沼津から西の方へ順次延び、東海道本線の全線電化が達成されたのは昭和31年11月のことであったが、これと前後してベージュとマルーンの関西急電色もオレンジと緑の湘南カラー

豊橋電車庫風景。飯田線快速色になったクハ77（後クハ18）と転属して来て間も無い旧宮城電鉄の買収機ED353（東芝製）。　1952.2.11　豊橋区

甲子園で開催された科学博の宣伝用に、明るい黄色に塗装された阪神電鉄881形５輌編成。急行、普通車が茶一色の時代に宣伝効果は抜群であった。戦時設計の881形は小型車ながら客室扉幅1220mmを誇った。884号他。
1956.11.20 尼崎

近鉄通勤車輌の基礎を築いた南大阪線モ6800形。ラビットカーの名のもとに、オレンジに白帯、兎のマークで活躍した。1957.9.12 阿倍野橋

近鉄大阪線に登場した最初の通勤用高性能新造車モ1460形。３扉で両開きを採用、塗装はクリームに細い青帯であった。 1957.9.11 上本町

京阪電鉄四条駅に停車中の1300形1312号の急行大阪行き。鈍重で個性的な風貌は、規格型を越えていた。グリーン濃淡の塗り分け。1957.9.11

東急デワ3041号は元国鉄モニ13012号。緑色に塗られて荷物輸送に活躍した。
1955.1.23 田園調布

になってしまった。関西独自のカラーが再びよみがえるのは117系の登場した昭和54年のこととなる。

白っぽい塗装色というのは、塗装材料もよくなった。ブレーキが電気ブレーキ常用となり、ブレーキシューを押しつけて鉄粉が散る空気ブレーキの使用が減ってきた。パンタグラフの集電部の材料がカーボン系から改良されてきた…などの要因で、白っぽい色でもそんなに汚れなくなったことが大きな要因となっているように思う。洗車もよくするようになっているだろう。

色の区分としてはクハ86形以来「金太郎塗り」と言っている。五月人形の金太郎の腹掛けのような菱型に近い塗分けが流行した。阪急を除いて新製車以外まで多くの車輌が、貫通扉など塗分け線の障害となるようなものがあっても、流行に遅れるな…とお構いなくの塗分けであったような気がする。幌材のところに塗分けの区分がかかったりして塗装する方もめんどうだったのではないだろうか。新聞紙とテープを使ってマスキングをして塗り分けていたが、この塗り分けの区分が変更になったりすると、前の区分線がうっすらと見えているときもあった。

塗り分けではなかったが、国鉄から来た東急のデワ3041は木造車で緑色の国電というイメージで、一応「さま」になっていた。東急では電動貨車という分類で、デワ3040形となっていたが、仕事は国電のモニ13形荷

駿豆鉄道（現伊豆箱根）の国電半流線形の復旧車も湘南式塗分けで登場。ピンクがかった黄白色と青緑であった。クハ72号。 1957.3.7 修善寺

相模鉄道クハ2507号。事故車をベースに東洋工機で造られた１輌だけの車輌。1963年頃に濃い黄色一色に塗り替えられた。 1964.5.21 星川

1955年に登場した相模鉄道最初の高性能車モハ5000形の第２次車。グレーと濃緑色に、赤と白の帯を巻くという複雑なもの。 1958.6.14 平沼橋

湘南型モハ80形の全金属製300番代車。側面の緑色の部分が減ってオレンジが明るく見える。連結妻面は緑一色である。 1958.5.13 大井工

物車と同じであった。

80系湘南電車は長距離電動列車というふれこみで、電動車は中間車のモハ80形のみ、前頭車はクハ86となっていた。後には郵便荷物用のモユニ81形が木造モユニ12以来のパンタグラフ2個付きで出来るが、電動車は中間車という発想は当時としては革新的であった。

この中間車の妻面の塗装であるが、側面と同じようにしっかりと塗分けする場合と、どうせよく見えないのだから作業効率を考えて一色としてしまうという方法とがあった。モハ80形、見ての通りである。妻面全体を明るい色にすると汚れも目立つだろうという心理

御殿場線乗り入れ用の小田急キハ5100形5101号。特急車と同じく濃い黄色とブルーの塗り分け、クロームメッキの美しい手摺類が印象的であった。 1959.6.7 御殿場

が働くのか、このような処置をしたときは大体において濃い色の方にする方が常識かと思うが、すべてがそうでもなさそうで、腰羽目側を先に塗るので、その色にするといった手法もあるようにとれる。

こんなことをよく見ると色々あって興味はつきない。幌が付いてその内側の貫通扉の塗装色もさまざまで、室内の内部色となっている場合もある。

電車の色ということでは窓枠がかなり大きく印象を左右する。アルミサッシになると銀色が一つのアクセントとなる。南海や路面電車などではこの窓枠をニス塗りとしたのがかなり後まであったが、その時の窓枠は木の枠だったのでニス塗りも似合っていたように思う。

車輛の側面の塗色というのはよく覚えているが、屋根の色はどうだったかなァ…などと聞かれると記憶があやしいときが多い。このころはほとんど黒と決まっていた台車も灰色に塗られたりしている。阪急は昔、台車を茶系色としていたのが正雀車庫の保存車でうかがい知れる。

この他よく考えてみるとパンタグラフも黒だったり灰色だったり、銀色だったりするし、連結器も黒、灰色である。室内の色となるとこれまた中間色が多くて表現がむずかしい。

新時代への模索

人間、つねに進歩したいという願望がある。そこで、いままでの機関車、電車を改善し、より高性能な、デザインの良いものへの挑戦が続く。高速優等列車も、日本では機関車牽引の客車列車という時代から、高速性については「おれの方が秀でている」と「電車特急」「気動車特急」が世に出て、蒸気機関車が王座の時代から変革を遂げ出したのが、1950年代の日本であった。そして旅客サービス上も、いままでのように早く運ぶだけの時代は過ぎて、快適さも大きな要因となってきた。電車特急に加えて、非電化区間ではディーゼル機関車、ディーゼル動車が安定した走りを見せ、電気関係も直流電化一本鎗から交流電化線も加わり、線区条件に合せて適切な運転方式を採用するようになり、そのいずれもが、スピードと快適性を加味して、大量輸送という鉄道に与えられた特徴を生かしつつ、発展をとげるようになる。その発展のなかには試行錯誤、模索といった道程ももちろんあったのである。

1957（昭和32）年に誕生した小田急SE車（3000形）は、小型ながら列車全体が流線形らしい姿で、「こだま」などその後の鉄道車輌にも大きな影響を与えた屈指のエポックメーカーであった。　1957.7.7　経堂検車区

箱根湯本に到着した3000形試乗列車。それまで1700形が主力だった特急は、このSE車の登場で一気に華やいだ。この頃は湯本の駅前もまだ閑散としており、温泉というよりは湯治場といった方が相応しい風情に満ちていた。　1957.7.1　箱根湯本

旅館
TEL 78
SAKURA

わが国初の２階建車を組み込んだ近鉄の初代ビスタカー（10000系）の誕生は1958年。　1958.9.12　上本町

▶10000系は特異な形態もさることながら、WNカルダン駆動を用いた画期的な新性能車でもあった。ビスタドームと呼ばれた２階席を持つ車輌には中間運転台も備わっている。　1958.9.12　上本町

▼東急玉川線の超軽量・高性能車200形は張殻構造を用いた連接・卵型のスタイルで登場し、路面電車にも新時代が到来したことを実感させてくれた。1955年に６輌が登場した。国道246号線上をゆく上町行き。　1955.7.30　上通－大橋

昭和29年ごろから電車のスタイルも模索が許される時代となり､いろいろなデザインの電車が登場する。２階建車、ボンネット型、東急玉川線のデハ200形のような丸っこい卵型をした軽量車などがそれである。

そのなかでも２階建車は海外のものが少年雑誌や科学雑誌などにもたびたび紹介されて、日本の愛好者は指をくわえて頁をめくっていたが、近畿日本鉄道の発注で、近畿車輛が大阪線用としてビスターカーと称する２階建車10000系を昭和33年に登場させた。10000系は試作というか様子見と言ったところで１編成の製造

1960年には初の特急用気動車キハ81が誕生した。「はつかり」での本格運用開始を前にアジア鉄道首脳者会議（ＡＲＣ）の特別列車として東京・国立の鉄道技術研究所に到着した竣功間もないキハ81。 1960.10.13 鉄道技術研究所

にとどまったが、その後の10100系では３輌を１ユニットとした連接車として量産され、ビスターカーの名を世間にとどろかせた（その近鉄も今では２階建て車の新製を止めている）。

電車特急に続いて、ディーゼル動車もボンネットスタイルを引っさげて、特急「はつかり」用として東北路に姿を見せた。同じボンネット型ながら電車特急151系や東武の「けごん」「きぬ」とはスタイルが異なっている。この時代、各地の非電化区間でもてはやされたのが気動車準急で、蒸気機関車は写真で見るかぎりは勇ましく絵になるが、夏のクーラーもないときの客車列車は「すす」に乗客がなやまされ、電化が出来ないなら、せめてディーゼル化が地方幹線の旅客にとっての願いでもあった。

それ以前の蒸気機関車列車時代の大きなホームには洗面所が必需品であった。もちろん夜行列車も多かったので、朝の機関車交換駅などでは乗客が一斉にホームの洗面所で顔を洗っていたが、トンネル区間の多い線区でも洗面所は賑っていた。

坂にも強いディーゼル動車はその意味でも「モテモテ」だったが、トンネル区間でもディーゼル動車はありがたかった。蒸気運転時代、夏はトンネルに入ると窓を閉め、出るとすぐ開け……と窓側に座った乗客は坐っていても結構忙しかった。

キロ25ばかりの３輌編成が東京駅で発車を待つ。大井工場を舞台に開催された第１回ＡＲＣ展への招待客送迎列車の姿である。ＡＲＣ展はＥＣＡＦＥ（Economic Commission Asia Far East）鉄道展とも称し、様々な車輌に接することのできる絶好の機会であった。 1958.5.13 東京

国鉄初の本線用電気式ディーゼル機関車ＤＤ50は1953年に製造が始まった。２輌連結運転を前提とした片側運転台が特異であった。
1957.8.24 敦賀

軸配置C－Cの汽車会社製試作電気式ディーゼル機関車DF41。1958年に製造され、3年ほど国鉄で試用されたにとどまった。
1958.5.13　大井工場（第1回ARC展）

DD13によく似た形態の日本車輌製液体式入換用DL（のちのDD93）。3年ほど国鉄で試用されたのち、名古屋臨海鉄道で使用された。
1960.10.13　鉄道技術研究所（第2回ARC展）

マン形ディーゼルエンジンを搭載した日立製の電気式試作機DF90。常磐線でしばらく試用されたのち正式に国鉄籍となり秋田機関区に配置された。
1958.5.13　大井工場（第1回ARC展）

本線用液体式ディーゼル機関車として日立製作所が1960（昭和35）年に試作したDF93。わずかな期間、千葉方面で試用された。
1960.10.13　鉄道技術研究所（第2回ARC展）

1956年、仙山線交流電化の試験用として誕生したED45。水銀整流器式を採用している。　1960.10.13　鉄道技術研究所（第2回ARC展）

交流電化は日本の場合、周波数が50ヘルツと60ヘルツと2つあり、当初はそれぞれ別形式の電気機関車を作らざるを得なかったが、やがてこれも克服される。

近代化としては非電化区間用にディーゼル機関車が注目されるようになり、各メーカーが競って試作機を製作したりするが、このなかでも異色だったのは軌間が1067㎜と同じの台湾向けの大型電気式ディーゼル機関車が、ＤＦ91形と国鉄の形式を与えられて、船積みの前に常磐線で使用されたことであろう。

この他、試作機、もしくはこれに類する機関車としては交流機で１台車１モータとしたＥＤ46形、ＥＣＡＦＥ鉄道展に展示された数々の大型ディーゼル機関車があった。

これらは展示という、見に来た人にアピールしなくては始まらないということで「白」をかなり使った車体色の機関車が多かった。そして大型ディーゼル機関車はアメリカのようにディーゼル電気式としてモータで駆動するのがよいか、ドイツのように大型機であっても液体式がいいのか論議が盛んであった当時を反映して両方式の試作機が登場。華やかなＰＲをくり広げた。そしてその正面スタイルは湘南電車のイメージがかなり影響を及ぼしているように思う。

関門トンネル内の防錆対策としてステンレス鋼、しかも平板を使用したEF30 1。東京駅で行われた展示発表会にて。　1960.3.24　東京

国鉄初の新型Ｆ級電機として試作されたEF60 1。東海道・山陽の重量貨物列車用としてすぐに量産されることになる。　1960.3.24　東京

交直流試作電気機関車ED46。1959年に日立製作所で試作され、しばらく常磐線で使用された。 1960.10.13 鉄道技術研究所（第2回ARC展）

ED17などの旧型機を置き換える中央線用の新鋭機として1958年に誕生したED61。 1958.10.13 原宿駅宮廷ホーム（展示発表会）

電車の高速化の思考のなかで生れたのが、軽量車体、高速回転電動機、カーブの通過に具合のよい連接車という構想であった。

航空機の車体設計技術や、振動理論が鉄道車輛にも応用されて、小田急3000形ＳＥ車をはじめとする軽量車が登場するが、電機部品も高速回転のモーターを使用したカルダン駆動主体の時代を迎えた。かくして国鉄の電車特急151系「こだま」が昭和33年のダイヤ改正から東京〜大阪間に走り出し、交流電化も昭和32年の仙山線、北陸本線と、蒸気機関車が主役の時代から、電気動力、内燃動力も加わって、動力近代化の旗印も大きく翻ることになる。

そのなかでも交流の電気運転は日本では初物であって、欧米ではすでに実績を積んでいたが、話のあったフランスの交流機関車のサンプル輸入も条件が合わずに中止となり、日本の電気業界が交流に「トライ」してＥＤ70形などの交流電気車輛をまとめたのは、技術的に評価されてよいだろう。「赤い電機」とその塗装色から言われた交流電気機関車は、その後、北陸から東北、北海道、九州へと拡がって行き、車体のスタイルとしては直流機もこれに揃えて箱型、デッキ無しへと変っていった。

上野駅6番線で発車を待つDF91（初代）。1959年に日立が輸出用に製作した電気式DLで、国鉄での試用後は台湾へ輸出された。 1959.9.14 上野

1958年５月国鉄大井工場で開催された第１回ARC鉄道展では登場したばかりの101系量産型McM'ユニットが展示された。　1958.5.13

東海道新幹線貨物輸送構想を受けて試作されたコンテナ貨物電車クモヤ22001。結局実用にはいたらなかった。
1960.10.13　鉄道技術研究所（第２回ARC展）

同じく第２回ARC鉄道展に展示された世界初の60Hz直接式交流電車（交流電動機を駆動）クモヤ791（1959年川車）。　1960.10.13　鉄道技術研究所

最新鋭の架線試験車モヤ4700（のちのクモヤ93000）。２年後の1960年11月に175km/hという狭軌高速度記録を樹立した。
1958.5.13　大井工場（第１回ARC展）

大きなガラスの後部展望室を持つ試験車マヤ38 51。種車はマイネロ37260（→マイネロ37 1）であった。　1955.1.16　尾久客車区

3つの台車を持つ高速軌道試験車マヤ34 1。1959年に東急車輌で製造された。　1960.10.13　鉄道技術研究所（第2回ARC展）

大世帯の国鉄車輛のなかにも少数派が少しは存在していた。車窓から眺めていても「オヤッ！」と思うような車輛に出合うときもあり、それがこの趣味の心ときめく面白味にもなっていた。表面に大きな窓を付けた展望車のような客車、軌道試験車、そして東海道本線の153系電車の中間に挟まっていたステンレス製のサロ153（サロ95）もいた。このサロは長い編成の湘南カラーの電車のなかで2輛だけが銀色だったのでとてもよく目立った。

東急5200系はじめ、ステンレス車の創世期、各鉄道で少数の試験的なステンレス車が登場した。国鉄ではキハ35形も出ている。そのなかでサロは中間車なので、ステンレス車だけで編成を組んで走ることは出来ず、銀色か文字通り「異色」としてとてもよく目立った。国鉄はこのサロとキハ35の一部、そして関門用の電気機関車ＥＦ10形、ＥＦ30形などとステンレス車を登場させたが、なかなか量産車には採り入れなかった。山手線の205系などでやっと電車のステンレス化に踏み切ったのはJR化移行の直前という感じであった。したがって国鉄（JR）でひだ（コルゲート）がずらり並んでいるステンレス車輛は数少ない存在となっていた。

1958年には試作ステンレス車サロ95901、902（のちの153系サロ153）が登場。台枠や骨組みには普通鋼を使用したセミステンレス車で、後年サロ110となった。　1960.10.8　有楽町

1959年秋からの日光線電化開業用として特急車並の設備を持つデラックス準急157系が登場した。日車蕨工場で出場を待つ157系（この頃はまだクーラーはなく扇風機付きだった）に構内入換え用の立山重工業製Ｂタンク1208号が寄り添う。 1959.8.13 蕨

日本車輌蕨工場の入換機1208は人気者で、新しい車輌と写真のようにしてよくカメラに収まっている。新旧対照モデルとして大受けだった。

日本車輌の蕨工場、いまは移転してこの地からはなくなってしまったが、国鉄（JR）の車窓からも見えた。工場名はたびたび変っているが、車輌の銘板は「日本車両　東京」といった表記が一番多いように思う。「蕨」と書いてあるのもある。蕨は埼玉県で東京都ではないという方もおられようが、東京支店蕨工場なので「東京」という表現もけっして誤りではない。

さて、この工場のマスコットが写真の1208号蒸気機関車なのであるが、メーカーは日本車輌でなく、立山重工業が戦時中に作った機関車であるという。

そのわきに「日光」のマークをつけているのは国鉄の157系が準急「日光」として日本車輌で昭和34年に製作されたときの姿である。

話は変るが、出世魚という熟語をご存知であろうか。成長するに従って名前の変る魚のことで、目出度いともされている。この「日光」、魚を車輌に変えると、出世車輌とでも言える。当初は準急で、その後「急行」となり、最後は「特急」に出世している。157系が出現する前の「にっこう」は快速、蒸気機関車列車であったが、後に気動車キハ55化され、日光線が電化した昭和34年から準急「日光」は電車化された。

しかし、その国鉄「日光」は東武鉄道の1720系デラックスロマンスカーに押されることになる。

そして国鉄の日光線からは新幹線の開業もあって急行もなくなってしまったが、ＪＲとなって15年余、JR東日本も再び日光路に力を入れることになり、189系特急電車を改装して、平成15年４月から189系「彩野」を快速列車として走らせている。

第２回ARC展に展示された東芝製オイルモーター式試作DL。高圧の液体を用いた新方式の流体動力伝達方式であったが普及しなかった。
1960.10.13 鉄道技術研究所（第２回ARC展）

横浜駅で発車を待つ誕生間もない頃の「こだま」。左には東横線をゆく東急5000系の姿も見える。　1958.12.10　横浜

昭和33年は東海道新幹線開業の6年前のことであるが、東海道本線にとっては二つの大きな出来ごとのあった年である。一つは電車特急「こだま」、もう一つは20系固定編成寝台客車列車「あさかぜ」と2つの後世に残る列車の登場である。

日本の鉄道はすっかり電車王国となってしまったが、その原点をどこに求めるかは人によってさまざまであろうが、東京と関西圏を特急電車が日帰り可能な運行時間で走ったということをもって、その第一期完成としてもいいのではないかとも思う。「こだま」の名称も「行って戻る」という速達ぶりが似つかわしいとして付けられたのである。

江戸時代からの東海道往還は明治以後米原経由の東海道線の全通、東海道本線の電化、そして新幹線の開業によって飛躍的に到達時間が短縮された。

その151系電車特急「こだま」が走り出したころの東京と大阪の往復はどうだったかというと「こだま」に乗るのは高給サラリーマンで、一般の人はまだ夜行利用が多かった。私どももなかなか「こだま」族とはならず「銀河」族であったが、急用ができると「しょうがない「こだま」ですぐ行ってこい」と「こだま」に乗れる機会が生ずることもあった。したがって151系

「こだま」には初のビュフェ式食堂車モハシ21（のちのモハシ150）が組み込まれた。　1958.10.8　試乗会車内

「こだま」は庶民にはまだ高嶺の花であった。いくらビジネス特急と国鉄が称していても、数時間の出張先での仕事は電車特急では処理できなかったのである。

しかし、速く、快適な特急電車は電化の伸びもあって、またたくまに各地に足を伸ばし、交直両用車も出来て「電車特急時代」を迎えるのである。サラリーマンの出張も、夜行で行って仕事をすませ、午後の電車特急で帰えれる範囲がかなり拡がってきて、スピードのありがたさを感ぜずにはいられなかった。

「こだま」とともに時代を画したのが20系「あさかぜ」である。運転開始を前に試運転で東京駅に姿を現したマニ20.　1958.9.15　東京

日車製ナシ20車内。内装は製造担当メーカーに任され、同じ食堂車でも日車製と日立製はまったく内装が異なっていた。　1958.9.15　東京

カニ22を最後尾に快走する20系客車の「さくら」。終点・東京はもう目の前だ。　1959.10.14　浜松町

こだま型電車特急より、やや行程の長い人のためには固定編成の客車特急が大きな福音であった。３段寝台ではあったが、まず横になって寝ていける……というのが有難く、天井の低い３段寝台で苦労しながら着替えることなど苦にはならなかった。

20系客車は「あさかぜ」が出発点なので、電車特急が「こだま」型と言われたように「あさかぜ」型とも言われたし、ヨーロッパの夜行寝台列車や、20系客車の塗装色から「ブルートレイン」の愛称も付いた。

電源車を従えた20系客車は種々様々の形の車輌が連結されたそれまでの客車の姿から、頭から尻尾まで一貫した一本の統一された列車で、ガラス窓に列車名を照明で点灯したことや、丸味を帯びた屋根の形状なども新鮮であった。そして客車なのにドアーエンジンを付けていたので、ホームへ降りて弁当など買って、発車してから、ハンドレールを掴んで乗るなんて「ちょっとかっこのいい乗り方」ができなくなって、通人たちをがっかりさせていたのもなつかしい。

20系の３段寝台が、２段となり、それもこのごろは利用する旅人が減ったりして、新幹線と航空機により人間は楽になったのか、ぜいたくになったのか…。

客車寝台で外観の面白さはパンタグラフ付の電源車や食堂車も走るようになったことだろう。以前、まだ鉄道のシステムが単純だったころ、「パンタグラフの付いているのは電動車で、モーターがあってほかの車輌を引っぱって走っているんだ…」と素人に教えることも出来たが、このごろはパンタグラフのない電動車、付いていてもモーターのない車輌もいろいろ出てきて、「人は見掛けによらぬもの」ならぬ「車輌は見掛で判断できないもの」となってきた。集電のみならず、霜やつららを取るだけのパンタグラフまであるのだから、いっそうその感は強い

新技術としても忘れられないのがEH10だった。全長22.3mの堂々たる姿は1950年代の鉄道貨物輸送全盛期の象徴でもあった。
1955.11.27　鶴見川橋梁

Remembrances of the Showa Era
A Review of Steam and Electric Trains of the 1950's in Color
by MITANI Akihito

Along with the European calendar, "era names" are still widely used in Japan. An era name is chosen for each emperor's reign. The Showa era in the title refers to the 64 years from 1926 to 1989 (incidentally 1989 to the present is called the Heisei era). For many Japanese the Showa era, that included World War II, was a time of particularly unforgettable events.

This volume, that commemorates the 50th issue of the Rail Magazine Library Series, is a valuable record of railroading during the postwar confusion, the subsequent rebuilding of Japan, and the period of economic prosperity, documented on newly available Japan-made color slide film (ISO10).

The documentation is in six parts:

Survivers from the Meiji (1868-1912) and Taisho (1912-26) Eras (pp.1-18)
In the 50's still in active use were a considerable number of classic steam engines made in England and United States of America in the 19th century as well as small passenger coaches dating back to the beginning years of Japanese railroads.

The Period of Interurbans (pp.18-36)
As Japan's postwar nation rebuilding continued, the demand for transportation from cities to suburbs exploded and the period of interurbans arrived.

Prewar Equipment Still Active (pp.37-50)
Electric locomotives and streetcars made before WWII were still widely used. Some imported models of electric locomotives were among them.

The Last Shining Moments of Streetcars (pp.51-64)
In all the major cities of Japan streetcars were an important means of transportation. However, after 1960 the increase in automobiles rapidly made the streetcars obsolete.

The Birth of a Colorful Age (pp.65-76)
In the past subdued colors such as black and dark brown dominated the paint schemes of railroad cars. Here is a record of trial and error leading up to railroad cars in brighter colors.

Exploration Toward a New Age (pp.77-92)
With new technological applications, various experimental equipment was developed, making Japan a leading nation in railroad engineering. The opening of the Shinkansen, a culmination of numerous innovations, comes a bit later, in 1964.

都電杉並線が西武の車輌から都電の車輌へ置き換えの頃。西武の車輌は老朽が甚だしく、殆どが廃車。一部はデッキにドアを付け、ヘッドライトを屋根に上げて伊豆箱根鉄道へ行った。代わりに都心からは木造の2000形の他、木造の3219(これは後に秋田31となった)、それに2扉化した4134と4239が入線したが、これは間もなく廃車となった。この頃外地から引き揚げたファンで私のように木造3000形を毎日見慣れた人がこの杉並線の3000形を見たら、さぞ感慨深く思ったであろうと、西武の200形と並んだところを写真に写したが、生憎カメラの故障でピンボケとなってしまった。そこであまりにも惜しいので描いたのがこのイラストである。

1956.1.28　新宿　イラスト・文：三谷烈弌

「色」と「形」——エピローグ——

昭和のはじめ、私が幼い頃、初めて鉛筆を持たされたのは色鉛筆でした。母や姉がその色鉛筆で花や木の葉、猫や犬、そして身近なものや風景などを描きましたが、私は乗り物の絵本を見て汽車や電車などを描きました。そんなわけで私は幼い頃から色彩に関心を持つようになりました。

小学校3年の時、従兄が〝O〞ゲージの模型や『模型鐵道』という雑誌を見せてくれ、模型の作り方などを教えてくれましたが、その時にイギリスの蒸気機関車は黒だけでなく赤や青や緑に塗られていることなども教えてくれました。当時の日本の機関車と貨車は真っ黒、省電や客車は栗色で、社線には濃い緑もありましたが、地下鉄の黄色と市電やガソリンカーの他は塗り分けもあまり見られませんでした。私は重量感があって力強さが漲っている機関車に頼もしさを感じていたので、塗り分けや当時流行し始めた流線形は軽々しい感じがして安っぽく思っていましたが、英国の蒸機は、米国や欧州のゴツゴツとした機械の塊とは異なり、色調にも玩具っぽさがなく高級なセダンのような品格を感じました。

その後、C51、EF52、モハ51が好きになりましたが、次第に戦争が激しくなると、2扉の省電が4扉に

なり、シートが外されて吊革ばかりが多くなった63形や78形がはびこり幅をきかせるようになって、蒸機も電機も材質が粗雑な戦時型が出回って敗戦の間近さを感じるとともに、「趣味」のような心の安らぎとは縁遠い時代となってしまいました。

戦後になり、神田の模型店がどうなっているか見に行ったところ、そこで戦前模型鉄道研究会の会長をしておられた酒井喜房さんと出会いました。金属類は戦時中軍用に徴発されてしまっていて模型など作れる状況ではありませんでしたので、「材料も道具もなくなり模型が作れないので、せめて実物の情報が知りたい」と話をしましたら、すぐに東京鉄道同好会の高松吉太郎さんを紹介して下さいました。

高松さんのお宅は戦災で灰燼に帰した日本橋の街中にありましたが、キチンと綺麗に整頓された薬局でした。「もう残りが少なくなって表紙の版画の刷りが良いものがありませんが…」と出してこられたのが東京鉄道同好会の会誌『Romance Car』No.3でした。その表紙は手刷りの63形でしたが、如何にも手作りの温もりとセンスの良さが気に入りました。その後も仕事の帰途などにたびたび高松さん宅を訪ねて話を重ねる中、写真に対する考え方を教えられました。高松さんは車輌のみならず風景や世相などを採り込んだ絵画のような写真を撮られるとともに、「今あまり気の進まない車輌でも時が経つと撮っておいて良かったと思うことがある」と言っておられました。私は言わば〝タイプマ

鶴見駅から新鶴見操車場に向かう職員輸送列車。客車は旧相模鉄道（現JR相模線）のホ3（大正15年汽車会社製）で、国鉄買収後ナハ2382、さらに1954年にナヤ2660に改造され、職員輸送用に使用されていたのである。この職員輸送列車は後に電車化されたが、今ではその新鶴見操車場自体が消えてしまった。

ニア”で、好きになれないタイプ（例えばモハ63）などの写真は、当時フィルムの値段も高く質も悪かったこともあってあまり撮る気もしませんでしたが、今振り返ってみると形式本位の写真が多く、高松さんのような情景的な写真は少なかったことに気づきます。また、高松さんは白黒写真に色を塗って楽しんでおられましたが、色々試した結果、水彩用の色鉛筆で塗るのが一番良いと教えて下さいました。そんな時、カラー・フィルムが一般にも発売されるようになり、高松さんはさっそくそれを使って撮ったスライドを見せて下さいました。それに刺激されて私もカラー・スライドを撮るようになりましたが、当時のフィルムの感度はISO10で、最高シャッター速度が1/100の私のカメラでは走行写真を写すことはできませんでした。しかも値段もモノクロ・フィルムの5倍近くしましたから矢鱈に写すことはできず、一枚一枚大事に写しました。

まわりの方たちは蒸気機関車のように真っ黒なものをカラーで撮るのは勿体ないと言っていましたが、私は機関車の周りの景色が四季折々で異なるので、気に入った蒸機はカラーで撮るようにしていましたが、だんだん形式写真でもモノクロでは表わせない微妙な色が感じとれることに気付き、また時には現像された時に実際とは異なった幻想的な雰囲気になることもあって、一層カラー・フィルムに興味を覚えました。

やがて湘南電車以後のカラー万能の時代となりましたが、なかなか英国蒸機のようなセンスの良い、品格の高い色彩の電車は生まれてきませんでした。今ではかえってモノクロの方が戦前の単色時代が偲ばれて良い気がしますし、また本来の形の良さ、すなわち素地の美しさが厚化粧で台無しになることもなくて済むようにさえ思います。

今回は『RM LIBRARY』シリーズの50巻目として、図らずも私の拙い写真をカラーであることにより採り上げていただく機会に恵まれました。私のカメラ・アイはひとりでに車輌のタイプの方に向かってしまい、情景的な写真や、あまり好まない被写体については写したことも忘れていましたが、編集者の方は私の関心から逸れたものを掘り起こして下さいました。一部気乗りのしない写真を無理を言って差し替えていただいた面もありますが、同じひとつの対象でも人の見方に違いのあることを改めて教わった次第です。

名取紀之さんはじめ編集のスタッフの方々に大変ご苦労をおかけしましたことに深く感謝いたします。さらに吉川文夫さんの含蓄のある解説のお蔭で私の知らない点などについてもご教示されたことについて厚くお礼申し上げます。

2003年夏　三谷烈弌